AF390217

MADEMOISELLE BESSARD
A l'âge de 42 ans.

MADEMOISELLE

VICTORINE BESSARD

DU TIERS-ORDRE DE SAINT-DOMINIQUE

PRIEURE DE LA FRATERNITÉ DE PAIMBŒUF

PAR LE

R. P. Fr. Charles-Anatole JOYAU

DES FRÈRES PRÊCHEURS

En Jésus, Marie, Joseph
notre chère espérance.

*Sentence familière à la
servante de Dieu.*

PARIS
LIBRAIRIE H. OUDIN
10, Rue de Mézières

LYON
SECRÉTARIAT DU ROSAIRE
Rue Tête-d'Or, 91

1898

★★★

APPROBATION DE L'ORDRE

Nous soussignés, avons lu, par commission du T. R. P. Provincial, le manuscrit du R. P. Charles-Anatole Joyau, intitulé : *Mademoiselle Victorine Bessard, du Tiers-Ordre de Saint-Dominique,* etc., et nous en approuvons l'impression.

Cette lecture ne pourra qu'inspirer à nos Tertiaires, avec l'estime et l'amour de leur vocation, le désir d'être fidèles à leur règle ; elle fournira à tous de beaux exemples de piété filiale, de foi vive, de charité aussi généreuse que discrète, de patience dans les épreuves, bref le parfait modèle d'une vie foncièrement chrétienne au milieu du monde.

Poitiers, 7 décembre 1897.

Fr. BARTHÉLEMY FROGET,
des Fr. Prêcheurs,
Lect. en Théol.

Lyon, 10 décembre 1897.

Fr. M.-HENRI DESQUEYROUS,
des Fr. Prêcheurs.

Imprimatur :

Fr. Jph AMBR. LABORÉ,
Prior Provincialis
Prov. Occit. Immac. Concept.

IMPRIMATUR :

Pictavii, die 18ª Februarii 1898.

L. PÉRIVIER, Vic. gen.

LETTRE DU T. R. P. LABORÉ

PROVINCIAL DES DOMINICAINS DE LA PROVINCE DE LYON

Angers, le 7 février 1898.

Mon Révérend et bien cher Père,

Vous avez eu une bien bonne pensée. Retracer, dans un récit un peu complet, la vie si édifiante de Mlle Victorine Bessard était vraiment œuvre à faire.

Il eût été regrettable que des vertus et des exemples si propres à porter au bien tombassent dans l'oubli. Tant de pieuses chrétiennes, tant de nos tertiaires dans le monde auront là un modèle attrayant à imiter ! Combien même d'âmes religieuses pourront y trouver lumière et encouragement, dans la voie de la perfection qu'elles ont embrassée !

Pour nous, ayant eu le bonheur de connaître Mlle Bessard, et de voir de près l'influence surnaturelle exercée par sa vertu, nous eûmes vite compris quelles prédispositions à la vocation dominicaine la grâce avait mises dans son âme. Aussi nous empressâmes-nous de l'introduire dans le Tiers-Ordre, bien convaincu qu'elle serait, pour notre famille religieuse, une très heureuse acquisition.

Elle l'a été, en effet, par le bien qu'elle a opéré pendant sa vie ; elle le devient encore, grâce à vous, par celui qu'elle va continuer de faire après sa mort.

Laissez-moi ajouter un remerciement tout personnel. Depuis l'époque, déjà lointaine, où je vis Mlle Bessard pour la première fois, lors de la mission de Paimbœuf, en 1866, il ne m'a jamais été donné de la revoir. C'était un regret. Vous le consolez aujourd'hui ; car je retrouve dans vos pages, bien vraie et bien vivante, notre chère Sœur Marie-Caroline de Jésus, telle que je l'avais connue autrefois.

Je forme donc les vœux les plus ardents pour la diffusion de votre intéressante biographie, et je vous prie d'agréer l'assurance de mon très affectueux dévouement en N.-S.

Fr. Joseph-Ambroise LABORÉ,

Prov. des FF. Préch.

PRÉFACE

Le 3 octobre 1891, mourut à Paimbœuf, dans un âge avancé, une femme vénérée de tous et proclamée universellement la « Sainte » de la paroisse.

Fille de saint Dominique par la profession du Tiers-Ordre, elle entoura sa famille religieuse d'une affection exceptionnelle.

A l'époque de son décès, outre la feuille locale, qui lui consacra une page fort honorable, l'*Année Dominicaine* de Paris et la *Couronne de Marie* de Lyon rendirent hommage à sa mémoire. Mais les notices publiées alors parurent insuffisantes au récit d'une existence si pleine de mérite : on souhaitait de voir revivre dans une biographie plus complète la douce et aimable figure de Mademoiselle VICTORINE BESSARD.

Uni à elle par les liens du sang, et devenu, au double titre de prêtre et de religieux, confident de bien des secrets de son âme, nous étions plus à même que d'autres d'entreprendre cette œuvre.

Aujourd'hui, après de longs et regrettables délais, paraît le travail qui nous avait été demandé.

Nous le destinons tout d'abord aux divers membres de la famille et aux amis de Mademoiselle Bessard ; puis aux Sœurs de la Fraternité dominicaine qui l'avait pour Prieure ; aux Tertiaires vivant dans le monde et aux Religieuses du cloître ; enfin à toute personne désireuse uniquement de s'édifier.

L'édification, en effet, sera le cachet spécial de ce livre. La curiosité n'y trouvera point de faits remarquables ni d'actes importants selon le monde ; mais la piété goûtera un charme réel à voir, dans la lumière de

Dieu, ce que renferment de grand et de beau la fidélité dans les petites choses et l'abandon sans réserve au bon plaisir divin.

L'ouvrage est divisé en deux parties.

La première contient la BIOGRAPHIE de la servante de Dieu.

La seconde, sous le titre de NOTES SPIRITUELLES, reproduit des pensées que Mademoiselle Bessard avait elle-même consignées, et qui sont comme le résumé de sa vie intérieure.

Le tout est complété par les Notices qu'elle consacrait à la mémoire des membres décédés de son Tiers-Ordre.

Puisse cette œuvre, modeste comme celle qui en est l'objet, contribuer à la gloire de Dieu et à l'honneur de notre saint Ordre !

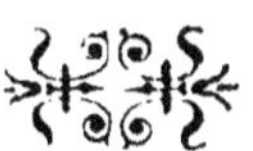

DÉCLARATION DE L'AUTEUR

Les qualifications de « vénérable », « saint » ou « sainte », « serviteur » ou « servante de Dieu », et autres semblables, attribuées dans cet ouvrage à des personnes de haute vertu, doivent être prises dans le sens d'hommages privés, sanctionnés par l'usage, et nullement en opposition avec les décrets du Saint-Siége apostolique, auxquels nous déclarons demeurer entièrement soumis.

BIOGRAPHIE

DE

MADEMOISELLE BESSARD

BIOGRAPHIE

CHAPITRE PREMIER

L'ENFANCE

La ville de Paimbœuf. — Les parents de Victorine Bessard. — Son baptême. — Piété précoce. — Traits de mortification. — Première Communion.

MADEMOISELLE Victorine Bessard naquit le 18 octobre 1809, à Paimbœuf, chef-lieu d'arrondissement de la Loire-Inférieure, sur la rive gauche et non loin de l'embouchure de la Loire.

Paimbœuf, — des mots celtiques *Pen Ochen*, tête de bœuf, — est une ancienne île que des alluvions successives ont soudée au continent.

Cette ville paraissait jadis vouée à d'importantes

destinées. Vauban l'avait désignée à Louis XIV comme pouvant offrir aux vaisseaux de guerre un excellent mouillage, à l'entrée de la Loire, grâce à l'étendue et à la sécurité de sa rade ; et, en 1695, le grand roi la dota, par Lettres patentes, de l'hôpital qu'elle possède encore actuellement. Peu après, Paimbœuf devint un port de commerce, fréquenté, durant un siècle et demi, par de nombreux bâtiments français et étrangers. La population, aujourd'hui inférieure à trois mille âmes, en comptait alors de huit à dix mille. Toute cette prospérité disparut en quelques années, par suite de l'ensablement de la Loire et du développement inattendu de Saint-Nazaire, à la rive opposée.

Mais ce qui n'a pu être ravi à Paimbœuf, c'est le pittoresque de son site, se dessinant en flèche entre l'immense « Prairie de Corsept », dont ses « Remparts », transformés en une gracieuse promenade, la séparent au midi, et le fleuve, large comme une petite mer, qui baigne au nord ses quais ombragés.

Ce qu'on ne lui a pas ravi davantage, c'est son aspect si riant, quand les feux de l'aurore, réfléchis par les collines du « Sillon de Bretagne », achèvent de dissiper les brumes de la nuit ; c'est, au déclin

PAIMBŒUF. — Côté du port.

du jour, l'effet mélancolique du soleil prêt à se plonger dans les flots, alors que ses derniers rayons, en glissant sur les tombes du cimetière, forment des faisceaux lumineux qui sont comme une affirmation céleste de l'immortalité.

Restent encore ces tempêtes que le voisinage de la mer rend parfois majestueuses et terribles, quand les vagues couvrent le môle et viennent, franchissant les quais, battre les assises des maisons qui les bordent. D'autres fois enfin se développe une vaste nappe d'eau, unie comme une glace, sillonnée par des barques de pêche, des navires de long cours, et un paquebot reliant par intervalles une rive à l'autre : spectacles ou grandioses ou charmants, de nature à laisser dans les âmes une impression ineffaçable !

Tel est le cadre. Il faut dire maintenant ce que furent les parents de Victorine Bessard.

Son père, natif de Savenay et issu d'une famille de robe, se destina tout jeune à la médecine. Nommé médecin des armées, à la suite d'un brillant concours où il fut classé le premier, avec félicitations du célèbre Vicq d'Azir qui présidait le jury, il opta pour l'armée du Nord commandée par Pichegru. Rentré dans la vie civile et reçu docteur à la Faculté de Montpellier, alors la première de France, il s'établit à Paimbœuf, d'où il exerça dans l'arrondissement et au delà, pendant près d'un demi-siècle. Plusieurs médailles d'or et d'argent témoignent de la distinction avec laquelle le docteur Bessard pratiqua son art, de son zèle pour la propagation de la vaccine et de son dévouement lors de l'invasion réitérée du choléra.

Lettré parfait, doué d'une mémoire merveilleuse, M. Bessard, à plus de quatre-vingts ans, citait avec l'opportunité la plus heureuse les classiques latins et français, qui lui étaient également familiers. Il aimait à rappeler d'ailleurs qu'il devait cette instruction peu commune aux Pères de l'Oratoire de Nantes, et ne parlait de ses maîtres qu'avec une respectueuse gratitude.

Charlotte Dithurry, son épouse, était fille d'un négociant pour la marine. Venu de Bayonne se fixer à Paimbœuf, M. Dithurry avait conquis si promptement l'estime publique qu'il se vit confier la charge, alors élective, de juge de paix. Le « Calendrier patriotique », édité à Paimbœuf en 1789, le cite parmi les administrateurs de l'hospice, avec le titre de « trésorier et père des pauvres ».

La femme du docteur Bessard possédait beaucoup d'esprit naturel, que sa correspondance reflète avec un charmant abandon. Mais elle se distinguait surtout par les qualités du cœur : affabilité avec tous, sollicitude pour ceux qui souffraient, charité envers les indigents ; aussi ne la connaissait-on guère que sous le nom de « la bonne Madame Bessard ».

Type achevé de la mère de famille et de l'aïeule, elle avait su faire de sa demeure un centre d'attraction, où parents et amis recevaient l'accueil sympathique d'une gracieuse hospitalité.

Qu'il soit permis d'ajouter que dans cette famille l'honnêteté était absolue et la délicatesse scrupuleuse, à ce point que, tout en partageant, comme bien d'autres, les idées nouvelles, M. Dithurry et M. Bessard perdirent l'un et l'autre l'occasion d'augmenter leur fortune, en refusant d'acquérir des biens nationaux qu'on leur proposait à bon compte.

De l'union de M. et Mme Bessard naquirent quatre filles : Charlotte, Elise, Victorine et Marie.

Cette dernière, venue longtemps après ses sœurs, fut. comme nous le verrons, la première à retourner à Dieu.

Victorine, d'une complexion particulièrement frêle, reçut le sacrement de la régénération le jour même de sa naissance. Son Acte de Baptême est ainsi conçu :

« Le dix-huit octobre mil huit cent neuf, a été baptisée *Victorine*, née ce jour du légitime mariage de M. Jean-Marie-Julien Bessard, docteur en médecine, et de dame Charlotte-Perrine Dithurry. Ont été : parrain, M. Emmanuel Frétaud, cousin, et marraine, demoiselle Victorine Dithurry, tante de l'enfant, qui, ainsi que le père, ont signé avec nous.

« V^{ne} Dithurry. Frétaud. J. Bessard. E. Frétaud. — M. J. Pronzat, curé. »

L'église où s'accomplit la cérémonie a pour patron saint Louis, roi de France, et n'est paroissiale que depuis l'année 1761. Auparavant elle était chapelle *tréviale,* ou succursale de Sainte-Opportune, paroisse située à deux lieues dans la campagne, et aujourd'hui disparue. Une autre chapelle, située à l'extrémité est de la ville, servait aussi aux habitants pour les devoirs du culte, et dépendait de Saint-Père-en-Retz, maintenant encore importante paroisse, également à deux lieues (1).

Comme le royal Saint qui prenait plaisir à s'intituler Louis de Poissy, en souvenir du lieu où il avait été régénéré par l'eau sainte, Mlle Bessard avait une affection pieuse pour l'église où elle était devenue enfant de Dieu ; elle aimait à aller renouveler, à genoux devant la grille des fonts baptismaux, sa profession de foi catholique et les promesses de son baptême.

Souvent Dieu permet que la sainteté qui deviendra l'apanage d'une âme choisie se révèle dès le berceau, ou aux premières lueurs de la raison. Victorine eut sa part des prémices de la béné-

(1) Le cinquième curé de Paimbœuf, M. de la Ville, sommé de prêter serment à la Constitution civile du clergé, répondit par la déclaration suivante, conservée aux archives de la Mairie : « Je proteste devant le Roi suprême de l'univers que je perdrai plutôt la vie que de faire le serment sans restriction. Je sais ce que je dois à mon Dieu et à sa chère épouse, la sainte Eglise, ma mère, qui m'est d'autant plus chère qu'elle est plus indignement persécutée. J'ai trop de sentiments de foi, de religion, de délicatesse de conscience, pour, comme un nouveau Judas, me laisser séduire à prix d'argent. » Le prêtre fidèle fut contraint d'émigrer. Rentré en France après la Révolution, il mourut à Nantes ; mais sa tombe se trouve dans le cimetière de Paimbœuf

diction céleste. A peine âgée de six ans, elle mettait son bonheur à assister, chaque dimanche, à
tous les offices ; et parfois il lui arrivait de faire

FAÇADE DE L'ANCIENNE ÉGLISE SAINT-LOUIS.

des applications fort inattendues de la parole de
Dieu, qu'elle écoutait très attentivement. Un
jour, ayant retenu du prône que la voie du ciel
est étroite, escarpée, semée d'épines, elle avisa,
au cours de sa promenade, un sentier d'aspect
assez semblable aux conditions indiquées : aus-

sitôt elle se déchausse et s'apprête à le gravir.
« Que fais-tu là, ma petite Victorine ? » lui crie
sa bonne. — « M. le Curé, répond l'enfant,
a dit que pour arriver au ciel il fallait marcher
sur les épines : eh bien ! moi, je veux aller au
ciel ! » On la surprit, une autre fois, mangeant
en cachette le pain noir destiné au chien de la
maison. Ces exagérations demandaient sans
doute à être rectifiées, mais n'en décelaient pas
moins une âme déjà profondément chrétienne.
Sa vie, toute de renoncement et de souffrance,
devait, au surplus, correspondre à ce désir pré-
maturé d'immolation.

Le même souci des choses de Dieu résulte de
faits d'un autre ordre, qu'une intime amie a
révélés. Bien longtemps après, cette amie, parcourant un petit livre de prières qu'elle avait pris
par hasard dans la bibliothèque de Victorine Bessard, remarqua sur les feuillets, de distance en distance, des traces de crayon ou d'ongle et lui en
demanda l'explication. « C'est mon premier livre
de messe, répondit Victorine ; voyez comme j'étais
alors étourdie et misérable ! A l'aide d'une épingle
ou d'un crayon, je traçais une ligne en divers
endroits de la page, me promettant de lire jusqu'à

ce trait sans lever les yeux ; mais, une fois arrivée là, je pourrais regarder dans l'église un bon moment. J'agissais de la même sorte pour Vêpres ; tout le chant d'un psaume, je suivais sur le livre ; le psaume achevé, je tournais la tête à droite et à gauche. Que c'était misérable, n'est-ce pas ? » Ainsi raisonne l'humilité ; mais une conclusion tout autre s'impose, quand il s'agit d'un enfant de six à sept ans. Dans cette ingénieuse méthode qui consiste à céder quelque peu à la nature, afin de la contraindre plus efficacement ensuite, n'y a-t-il pas l'indice d'une sagesse précoce, et peut-être d'une inspiration céleste ? La lutte en détail contre ses défauts, la poursuite des petites vertus une à une, ne sont-ce pas les procédés prescrits par un grand maître de la vie spirituelle et de la vie pratique, saint François de Sales, pour atteindre plus vite la perfection chrétienne ? Le livre de Mlle Bessard suffirait à démontrer l'efficacité du moyen. Les traits qui marquent ses haltes dans l'attention s'espacent de plus en plus, et bientôt la pieuse enfant n'a plus besoin de ce repos momentané, en appliquant à Dieu son esprit et son cœur.

Elle-même, du reste, nous a exposé ce qu'on

pourrait appeler son apprentissage de la prière.

« Rendue à l'église, j'ouvrais mon livre, et je me mettais à lire les prières de la Messe d'un bout à l'autre sans interruption. Quand j'avais fini, je recommençais ; il m'arrivait ainsi de lire trois ou quatre fois toutes les prières : ce n'était pas assurément une bonne méthode, du moins étais-je parvenue en peu de temps à les savoir par cœur. »

Plus tard, avançant toujours dans la piété, Victorine résolut de prier sans distraction aucune. On devine à quels mécomptes elle s'exposait ; elle y voulait pourvoir en recommençant sans cesse, et, un matin, on la trouva endormie, à genoux au pied du lit, son chapelet à la main. Le sommeil l'avait vaincue, alors que, pour la dixième fois peut-être, elle reprenait sa prière sans pouvoir atteindre à ce recueillement absolu, objet de sa recherche. On dut encore lui faire comprendre que l'absorption complète en la présence divine, l'absence de toute pensée importune au temps de la prière, est le rare privilège de quelques âmes spécialement favorisées, les autres devant s'humilier de leurs misères et poursuivre dans le calme l'oraison commencée. Tous ensei-

gnements que Victorine recevait avec une parfaite
docilité.

Cette enfance si pieuse devait avoir pour couronnement une Première Communion angélique.

L'année préparatoire fut marquée par une
augmentation de ferveur, une vigilance plus
active pour combattre les moindres défauts, une
application plus soutenue à se pénétrer des vérités
chrétiennes. Victorine était la première du caté-
chisme, et à l'église, comme partout, elle donnait
l'exemple à ses compagnes. L'une d'elles se sou-
vient encore que, chargée par ses parents d'une
commission à l'adresse de Mme Bessard, elle
rencontra Victorine, qu'on avait préposée sans
doute à quelque soin domestique, récitant son
chapelet, à genoux près d'un fourneau. Et comme,
vivement émue de ce fait, elle l'avait rapporté à sa
mère : « Vois, lui dit celle-ci, comme Victorine
Bessard est pieuse : efforce-toi de l'imiter. »

La Première Communion eut lieu le 6 août
1820, fête de la Transfiguration. Victorine avait
mis à sa confession générale la plus rigoureuse
exactitude ; telle était cependant sa délicatesse de
conscience qu'au moment où commençait la céré-

monie, elle quitta les rangs pour aller trouver son confesseur à la sacristie des chantres, et là, sans prendre garde à personne, lui soumit à haute voix ce qui la troublait. Le prêtre la tranquillisa d'un mot, et dès lors la jeune Communiante fut tout entière à son bonheur. Assurément l'Epoux des vierges, Celui qui se plaît parmi les lis et les roses, trouva le lieu de son repos dans cette âme parée d'innocence et de charité. Le souvenir de ce jour, sans rival sur terre, fut pour Victorine Bessard comme l'arome d'une fleur céleste qui ne s'évaporera jamais. Elle en célébrait, chaque année, l'anniversaire avec transports de joie et abondance de larmes ; elle semblait transfigurée elle-même en cette fête de la Transfiguration du Sauveur.

CHAPITRE II

Education de Victorine Bessard. — Vertus de son adolescence. — Pourquoi elle ne se fit pas religieuse. —
Séjour en Bretagne. — Manière de sanctifier des stations
de bains de mer. — Piété filiale. — Ce qu'elle fut comme
sœur et comme tante.

A sa naissance, avons-nous dit, Victorine était extrêmement frêle : durant son enfance, sa santé demeura débile, et lui fut, au début, une cause d'infériorité intellectuelle par rapport à ses compagnes de même âge. Il est vrai, un « prix d'ouvrage manuel », marqué à son nom, prouve qu'en 1818 elle fréquentait une des écoles ouvertes aux jeunes demoiselles de Paimbœuf ; mais son propre témoignage rend certain qu'elle ne suivit pas régulièrement les classes, et que, par conséquent, son instruction fut longtemps négligée. M. Charles Dithurry, son oncle maternel, homme de mérite, s'en émut et entreprit de combler cette lacune. Il se constitua son précepteur et lui enseigna l'orthographe, le style, le calcul, la géographie, l'histoire, voulant qu'elle apprît tout ce qu'une femme de sa condition devait savoir. L'élève, douée d'une intelligence et d'une mémoire remarquables, jointes à une application soutenue, acquit bientôt un ensemble de connaissances si complet que le maître déclara avec un orgueil presque paternel n'avoir plus rien à lui apprendre.

De cette instruction exceptionnelle Mlle Bessard ne fit jamais état, à moins d'y être obligée par quelque devoir. Il eût été même presque impossible de s'en douter, si cette instruction n'eût été révélée par la pureté de sa phrase et la correction de son orthographe, correction telle que ce fut une douleur pour ses neveux, quand ils découvrirent pour la première fois quelques imperfections de grammaire dans sa correspondance ; elle avait alors près de quatre-vingts ans.

Une petite poésie, œuvre de sa jeunesse, fera juger des aptitudes intellectuelles de Victorine Bessard.

JÉSUS ! ton nom sacré, mon unique espérance,
Est gravé par l'amour dans le fond de mon cœur ;
Sur mon front puisse-t-il d'une vive splendeur
Un jour briller au ciel ! Dans ma reconnaissance,
Sans fin le répéter fera tout mon bonheur.

MARIE ! Ah ! que ce nom est pour moi plein de charmes !
A ma bouche le miel est moins délicieux.
Remède à tous mes maux, il calme mes alarmes,
Il endort ma douleur, il étanche mes larmes,
Et dans mon cœur répand la douce paix des cieux.

JOSEPH ! à ta bonté mon âme se confie,
O glorieux époux de l'auguste Marie !
Sur moi daigne jeter un regard protecteur.
Epris de tes vertus, mon cœur sous tes auspices,
Père aimable, ressent d'ineffables délices,
Heureux gage, avant-goût du céleste bonheur. »

On remarquera que ces vers forment des acrostiches aux noms de Jésus, Marie, Joseph.

Quant à l'écriture de Victorine, écriture aux caractères réguliers, fermes, virils, oserions-nous dire, on peut bien l'appeler de la calligraphie. D'ailleurs, Mlle Bessard se montra partout l'ennemie de l'à peu près, qu'il s'agît d'une œuvre intellectuelle ou d'un ouvrage manuel : il semble qu'il y avait en elle une soif permanente de perfection.

Voilà pour la formation de l'esprit.

Pour la formation du cœur, ou l'éducation proprement dite, cette préparation si importante aux devoirs ultérieurs de la vie sociale, elle s'accomplit en Victorine Bessard telle qu'on pouvait l'attendre dans une enfant si bien douée de la nature et de la grâce.

Respectueuse envers ses parents, affectueuse pour ses sœurs et les autres membres de sa famille, Victorine apparaissait à tous, dans son attitude affable et simple, comme un modèle à l'attrait duquel on ne résistait pas. Elle s'était initiée de bonne heure à l'administration domestique, un des devoirs essentiels de la femme, et y fit preuve de telles aptitudes que Mme Bessard lui confia bientôt, dans une large mesure, la direction du ménage. C'était merveille de voir avec quelle activité intelligente la jeune fille suffisait aux exigences de chaque jour, alors même que ces exigences se compliquaient de celles de l'imprévu, quand, par exemple, chose assez fréquente, le chef de la famille amenait à la dernière heure des convives inattendus. Mêmes dispositions heureuses pour les travaux d'aiguille, couture, broderie ; pour la confection des fleurs artificielles et autres ouvrages délicats destinés à des hommages de fête, et plus souvent encore à l'ornementation des autels et des reposoirs.

Victorine Bessard savait donc se faire à tout, et elle excellait en tout.

Seules, les fêtes du monde, fussent-elles des plus convenables, lui inspiraient un indicible éloignement. Aussi obtint-elle de ses parents de ne plus se joindre aux réunions qui parfois, pendant les soirées d'hiver, groupaient plusieurs familles amies. Retirée alors dans sa petite chambre, elle priait presque sans discontinuer jusqu'au retour de sa mère et de ses sœurs ; son absence, dont la cause était connue, loin de paraître étrange, semblait toute naturelle, tant sa vertu rayonnait déjà efficacement. C'est pourquoi bon nombre des jeunes personnes de la ville recherchaient son conseil, et réclamaient surtout sa participation à leurs neuvaines, retraites et autres pratiques de dévotion. Victorine en avait conservé souvenir, et racontait avec grande simplicité, longtemps après, à une amie venue de Nantes pour la voir, ce qui se passait dans ces rapports de pieuse familiarité. « Une fois, mes compagnes et moi faisions ensemble la retraite, et il avait été convenu que chacune, à tour de rôle, développerait la méditation ; mais elles me laissaient presque toujours la parole. Il arrivait même qu'oubliant qu'elles étaient là, je faisais tout haut mon examen de conscience, et me confessais ainsi devant tout le monde. »

On juge s'il pouvait résulter grand scandale d'une pareille confession !

L'amie dont le témoignage nous a fourni le trait précédent n'était autre que cette vertueuse Mlle des Brulais, à l'initiative de qui Nantes est redevable de la splendide chapelle de Notre-Dame de la Salette, la première construite après la basilique érigée sur la sainte Montagne (1).

(1) Mlle Marie Ollivier des Brulais, guérie miraculeusement par Notre-Dame de la Salette, peu de temps après l'apparition, entreprit par reconnaissance de propager de tout son pouvoir la dévotion à Notre-Dame de la Salette. Plusieurs fois, elle accomplit le voyage sur la montagne, interrogea les enfants, et d'après leurs récits, publia deux volumes du plus haut intérêt, intitulés *l'Echo de la sainte Montagne*. En outre, ayant fait sculpter un groupe de grandeur naturelle, elle obtint de M. l'abbé Auneau, supérieur du Petit Séminaire de Nantes, que ce groupe fût placé dans une chapelle accessible au public, en attendant l'érection d'un monument en rapport avec les exigences d'un pèlerinage chaque jour croissant. Le nouvel édifice s'éleva sur un terrain contigu au Séminaire, et avec certaines particularités touchantes. Les pauvres joignaient leurs modestes oboles aux dons magnifiques des riches, et dans les débuts de la construction, on les voyait, par un élan spontané, seconder de leurs bras le travail des ouvriers. Ainsi s'acheva rapidement une vaste chapelle, de style ogival, exécutée d'après les plans de M. l'abbé Rousteau, alors professeur d'archéologie au Petit Séminaire, plus tard vicaire général du diocèse.

Contemporaine d'âge de Victorine Bessard, à qui elle a survécu quatre ans, Mlle des Brulais, à une certaine époque, venait chaque année passer une ou deux semaines à Paimbœuf, et parfois profitait de ce temps pour faire avec son amie une petite récollection spirituelle. Nous tenons de sa bouche le récit suivant : « M. Aupiais, curé de Paimbœuf, m'avait placée pour ma retraite sous la direction de Victorine. Un soir, il s'agit de faire la consécration à la sainte Vierge. Victorine me dit : « Ma chère Marie, prononcez vous-même l'acte « de consécration. — Ma bonne Victorine, répon- « dis-je, faites-le plutôt. — Non, je veux que ce « soit vous. — Eh bien ! ma Victorine, donnez- « moi un livre. » Et cherchant une formule, je lus à haute voix l'acte de consécration. Quand j'eus fini, Victorine, oubliant ma présence, prit la parole, et durant quelques minutes adressa des louanges magnifiques à la sainte Vierge, avec des supplications ardentes pour ses parents, pour ses proches et pour elle-même. J'étais ravie, inondée de larmes, suffoquée par l'émotion ; je retenais mon souffle, par crainte de troubler l'extase, et de ramener trop tôt la chère Victorine à la réalité de ce monde. »

Une question se pose naturellement ici.

Comment une jeune fille ainsi douée n'a-t-elle pas embrassé la vie religieuse ?

Nul doute que Mlle Bessard n'en ait eu le pius vif désir. Mais, cherchant avant tout la volonté divine, et guidée par un prêtre saint et éclairé, auquel elle communiquait sans détour les secrets de son âme, elle ne tarda pas à reconnaître que Dieu ne l'appelait pas au cloître. Son état maladif était, presque à lui seul, un obstacle insurmontable. Puis les vides se firent au foyer de la famille : ses trois sœurs se marièrent ; l'une d'elles vint à mourir, et ce fut pour le père et la mère un coup terrible. La place de Victorine parut providentiellement marquée pour entourer de sa sollicitude filiale la vieillesse de ses parents. Dieu la destinait à être par ses prières, ses conseils, son dévouement de toutes les heures, l'ange visible de la famille entière, et l'égide tutélaire de son pays natal. A défaut de la profession religieuse, elle put du moins émettre le vœu de chasteté perpétuelle, tandis qu'elle repoussait une proposition d'alliance fort honorable dans la ville même de Paimbœuf. En toute vérité, Mlle Bessard fut de ces vierges dont le P. Monsabré, s'inspirant d'un grand

écrivain (1), a fait, dans une de ses conférences,
l'éloquente apologie : « Il en est qui ont en-
trevu les joies d'une heureuse union et les douceurs de la vie religieuse ; mais elles ont immolé
leurs espérances et leurs désirs, pour se consacrer
à des tâches obscures où leur vie se consume. Par
amour de Dieu, elles se sont refusées à l'amour
des hommes et au service même de Dieu ; par charité, elles se sont sevrées des joies de la charité.
Elles n'ont pleinement ni la paix du cloître, ni le
soin des pauvres, ni l'apostolat dans le monde, et
leur grand cœur a su se priver de tout ce qui était
grand et parfait comme lui. Elles ont enfermé leur
vie en de petits devoirs : soutiens de vieux parents
qui les accablent de leurs exigences, servantes de
frères et de sœurs frappés dans la chère moitié de
leur vie, mères d'orphelins, elles remplacent des
absents que l'égoïsme ou la mort ont emportés ; se
donnant tout entières et ne recevant qu'à demi.
Jeunesse, liberté, avenir, elles ont tout sacrifié !
O vierges veuves, religieuses sans voile, épouses
sans droits, mères sans nom, soyez bénies (2) ! »

(1) Louis Veuillot.
Conférences de Notre-Dame, 1887 : *Le célibat et la
virginité.*

Un peu avant l'époque qui nous occupe, M. et Mᵐᵉ Bessard avaient fait la connaissance d'une famille de Vannes, dont le chef occupait à Paimbœuf une charge de l'Etat. La conformité des idées et des sentiments ne tarda pas à établir, de part et d'autre, les rapports de la plus affectueuse sympathie. Parmi les douze enfants de ce groupe patriarcal se trouvaient plusieurs jeunes filles : deux surtout se rapprochaient de Victorine par leur caractère et leur âge. L'une d'elles, appelée Caroline, filleule de Mᵐᵉ Bessard, après quelque temps de vie religieuse dans l'institut des Fidèles Compagnes de Jésus, mourut en véritable prédestinée à Carouge, en Suisse. L'autre, du nom de Zoé, devait avoir une existence assez semblable à celle de Victorine ; aussi, lorsque les évolutions de la vie vinrent les séparer, s'établit-il entre elles un échange de pieuses lettres, dans lesquelles l'une et l'autre se donnaient affectueusement le double titre d'« amie et sœur ».

Après le retour de cette famille bretonne dans son pays, Victorine, cédant à de vives instances que ses parents appuyaient, vint en 1838 passer quelques mois à Vannes, auprès de ses amies. Ce voyage lui laissa, par suite de l'hospitalité si gracieuse qu'elle avait reçue et des consolations spirituelles dont elle fut favorisée, les plus doux souvenirs.

Elle eut le bonheur de faire le pèlerinage de Sainte-Anne d'Auray, si célèbre en Bretagne. Elle s'agenouilla souvent, dans la cathédrale de Vannes, devant le tombeau de saint Vincent Ferrier, le grand prédicateur dominicain, patron de la ville, où il mourut. Enfin, elle trouva la direction d'un véritable homme de Dieu, le P. Leleu, de la Compagnie de Jésus. Ce religieux, au cœur d'apôtre, était tenu en haute opinion de sainteté parmi le peuple breton. Quand il se sentit près de sa fin, en 1849, il se fit mettre à genoux, et mourut ainsi, la prière sur les lèvres. Ses obsèques furent un triomphe : « en un mot », dit expressément une correspondance du temps, « tout dans sa mort rappela à la ville de Vannes saint Vincent Ferrier ».

Sur le conseil de ses amies, pénitentes elles-mêmes du P. Leleu, Victorine lui confia donc les secrets de sa conscience. Le saint prêtre l'accueillit avec bonté, comprit sans peine quelle âme l'Esprit-Saint lui envoyait, et s'appliqua soigneusement à seconder en elle les opérations de la grâce.

Il l'affermit dans les principes d'une foi plus vive, lui suggéra diverses pratiques pieuses, lui inspira surtout une très grande dévotion envers la divine Eucharistie. Depuis longtemps déjà, Mlle Bessard était admise à la communion quotidienne, et elle éprouvait une telle faim pour l'aliment céleste, que ce lui était une douleur cuisante de s'en voir privée quelquefois par suite de circonstances impérieuses.

A la même époque, et pendant bien des années, Victorine accompagnait sa mère à une station balnéaire des environs de Paimbœuf, appelée Préfailles.

L'installation d'alors était loin de ressembler à celle d'aujourd'hui. Point de ces chalets, élégants et commodes, qu'on y trouve maintenant en grand nombre. On se logeait tant bien que mal dans une ou deux chambres mises par les habitants à la disposition des étrangers. Point de chapelle alors au centre du village. Le dimanche, pour se rendre à l'unique messe célébrée à dix heures dans l'église paroissiale, il fallait affronter une marche de trois kilomètres, sur une route poudreuse que n'ombrageait aucun arbre. Il y avait donc pour les âmes pieuses source abondante de privations. Victorine, dont la dévotion fut toujours si bien entendue, savait accepter le sacrifice et suppléait à l'absence journalière de la messe, de la communion, de la visite au Saint-Sacrement, par des oraisons plus longues, la communion spirituelle plus souvent renouvelée, la récitation plus fréquente du Rosaire.

Assidue à tout faire pour la gloire de Dieu, selon la recommandation du grand Apôtre, elle relevait par des intentions surnaturelles les actes les plus vulgaires. Dans ce temps-là, une plage étant exclusivement réservée aux dames, Victorine choisissait une heure de solitude, et, tout en se baignant, chantait avec ses intimes l'*Ave maris stella*, le **Magnificat** ou quelque cantique.

Au-dessous d'une haute falaise s'ouvre une grotte profonde où, deux fois en vingt-quatre heures, la mer s'engouffre avec fracas, pour se retirer ensuite et laisser la grotte entièrement à sec. Victorine recherchait ce lieu comme très favorable à la contemplation Grande fut, un jour, son émotion, en voyant représentée sur une paroi du rocher l'image de la Vierge au pied de la croix! Cette surprise lui était ménagée par des ecclésiastiques limousins qui, l'ayant maintes fois rencon-

trée priant en cet endroit, rendaient cette sorte
d'hommage à sa piété. Elle utilisait également ses
promenades sur les grèves, en ramassant de petits

CÔTE DE PRÉFAILLES.
La Roche-Percée, en face la grotte favorite
de Mlle Bessard.

coquillages aux formes variées, dont plus tard elle
composait des corbeilles de fleurs, vrais chefs-
d'œuvre de patience et de goût.

C'est ainsi que cette âme toute surnaturelle
prenait occasion des moindres choses pour s'élever

à l'Auteur de la nature, comme sainte Catherine
de Sienne, que ravissait la vue d'une fleur, d'un
insecte, objet des attentions de la Providence,
non moins que le plus glorieux Séraphin.

Compagne habituelle de sa mère, quand celle ci
s'éloignait de Paimbœuf, Mlle Bessard le devint
pareillement de son père, dans les rares absences
que le docteur faisait, sur ses vieux jours,
pour aller visiter ses enfants de Nantes ou ses
sœurs de Savenay. Après l'inauguration des premiers chemins de fer, le bon vieillard, âgé alors
de 84 ans, ayant désiré connaître par lui-même le
nouveau mode de locomotion, ce fut encore
Victorine qui l'accompagna dans le trajet de
Nantes à Angers.

Le dévouement de Mlle Bessard pour ses sœurs,
ses beaux-frères, ses neveux, n'était pas moins
affectueux et complet. Cherchant toujours à
obliger, elle n'hésitait pas à quitter sa vie calme
et recueillie pour se transporter près de ceux
auxquels sa présence pouvait être utile. La naissance d'un neveu, d'une nièce, lui procurait quelquefois la satisfaction, bien sentie par sa piété, de
présenter à l'autel de la sainte Vierge, au sortir

des fonts baptismaux, la petite créature régénérée. Comme bon nombre de Saints et de Saintes que recommandaient plus spécialement leur simplicité et leur innocence, Victorine Bessard avait une prédilection marquée pour les tout petits enfants, et trouvait pour leur parler un langage aussi tendre que gracieux. Quand ils souffraient, elle calmait leur douleur mieux que personne, en chantant des cantiques avec un accent qui fascinait en quelque sorte ces petits êtres, et faisait épanouir le sourire sur leurs lèvres.

Ayant appris à lire aux deux aînés de ses neveux, elle organisa, pour la distribution des récompenses, une fête de famille présidée par les grands-parents. Il y eut non seulement des couronnes, mais des livres : c'était le fameux Robinson, délices des enfants, en deux volumes. Le premier tome fut décerné à la sœur aînée, âgée de sept ans ; le second au frère cadet, qui n'en comptait que cinq : — qu'on nous pardonne cette saillie, — tout le monde avait du succès dans cette classe d'élite !

A l'approche de la Première Communion, la servante de Dieu, suivant la nature des circonstances, avait à cœur de préparer elle-même ses

neveux. Elle leur faisait réciter les leçons du caté-
chisme et les évangiles, leur signalait les défauts à
corriger, les guidait pour l'examen de conscience
nécessaire à la confession générale. Dans l'intervalle des exercices de la retraite, elle les tenait en
haleine par de pieuses lectures entremêlées d'his-
toires édifiantes, ou par le chant des cantiques
alterné avec la récitation du chapelet ; et le grand
jour venu, elle s'identifiait totalement avec eux.
Pour souvenir de Première Communion, à chacun de ses neveux elle offrait un groupe de Notre-
Dame des Victoires en porcelaine, posé sur un so-
cle d'ébène et protégé d'un globe ou étui de verre.

L'année 1847 fournit à Mlle Bessard une occe-
sion spéciale de manifester ses sentiments de sœur
et de tante. Un deuil cruel frappait sa sœur
aînée « dans la chère moitié de sa vie », et du
même coup faisait trois orphelins. Douce conso-
atrice de la famille en pleurs, Victorine sut
essuyer les larmes, et tirer de son cœur des paroles
d'autant plus suaves et empreintes d'espérance
que la fin du malade avait été plus chrétienne.

Ainsi s'écoula pieuse, laborieuse, dévouée, après

une enfance vraiment angélique, la jeunesse de
Mlle Bessard.

Mais, « parce qu'elle était agréable à Dieu, il
fallait que l'épreuve la visitât » (1). Les deux cha-
pitres suivants vont nous montrer comment cet
oracle des Saints Livres se réalisa en elle, durant
la première moitié de son existence.

(1) Tob. xii, 13.

CHAPITRE III

Mlle Bessard choisie de Dieu pour victime. — Grave
maladie, suivie d'un état de langueur prolongé. —
— Patience de la malade. — Le docteur Colomb.

RETENUE malgré elle au milieu du monde,
Victorine Bessard ne devait pas moins
mener une vie d'holocauste et de perpétuelle
immolation.

Assurément, la souffrance est l'apanage commun de l'humanité. Mais souvent Dieu s'en sert
comme d'un dard enflammé pour blesser des âmes
qui lui sont plus particulièrement chères. Sans
parler des martyrs, appelés à représenter plus
visiblement l' « Homme des douleurs », que de
saints confesseurs, de saintes vierges et veuves,
associés aux amertumes du Calvaire, ont épuisé
la coupe jusqu'à la lie ! Souffrances physiques,
clouant sur des grabats, pendant des années
entières, leurs corps languissants ; tortures mora-

les causées par la haine et la méchanceté humaines, quelquefois par de simples mais regrettables malentendus. On voit aussi des personnes généreuses s'offrir en victimes pour le triomphe de l'Eglise, la conversion de parents ou d'amis éloignés de la religion, le soulagement des fidèles retenus en Purgatoire. D'autres fois, enfin, des âmes d'une exquise délicatesse de sentiments trouvent dans leur organisation même le principe d'un cruel supplice.

Il n'en faut pas douter, Mlle Bessard a été une de ces âmes d'élite que Dieu se choisit pour en faire des hosties vivantes, immolées à sa gloire et à l'avantage du prochain.

Quelle fut dans ce rôle providentiel la part d'initiative de Victorine Bessard ? S'offrit-elle pour subir les expiations de vivants ou de morts ? Se borna-t-elle à accepter le calice amer des mains du Sauveur ? C'est le secret de Dieu. Mais on ne peut méconnaître que cette âme ait été marquée tout spécialement du sceau de la Croix. Enfance chétive, jeunesse débile, maladies aiguës ou chroniques dans la période de l'âge mûr, anémie d'une nature étrange durant une très longue vieillesse : voilà pour le corps.

Quant à son âme, douée d'une sensibilité et d'une délicatesse extrêmes, elle lui faisait sentir plus vivement qu'à quiconque les épreuves et les deuils domestiques, l'éloignement des siens, les infortunes d'autrui.

Comme une grande intimité régnait dans la famille, Victorine faisait d'assez fréquents séjours à Nantes, chez sa sœur cadette, toujours heureuse de la recevoir. Elle s'y trouvait en 1845, quand une indisposition à laquelle d'abord on ne prit pas garde, dégénéra tout à coup en maladie aiguë. L'état empira, devint désespéré. En proie à une affliction profonde, sa sœur se tourna vers le Ciel et fit un vœu à « la bonne mère sainte Anne », comme on dit en Bretagne. Ses supplications, auxquelles se joignirent celles de toute la famille, furent entendues. Après la réception de l'Extrême-Onction, Victorine éprouva un mieux sensible et se vit bientôt hors de danger. Mais, pendant cinq mois, elle demeura malade ou convalescente, ayant une Sœur de la Congrégation de l'Espérance pour la soigner. Sitôt qu'elle fut capable d'entreprendre le voyage, elle revint à Paimbœuf, accompagnée de cette religieuse qui, pendant plus d'une année, ne la quitta pas. Car, bien qu'arrachée à la mort, Mlle Bessard était loin d'avoir recouvré la santé. La maladie se transforma en un état de langueur, caractérisé par une fièvre tenace qui, revenant chaque jour à la même heure, jetait la patiente dans une prostration complète. Les soins intelligents d'une infirmière de profession apportaient à son corps un peu de soulagement; la présence permanente d'une religieuse consolait son âme bien davantage, en lui procurant une aide pour ses exercices spirituels, et une confidente naturelle de ses sentiments de dévotion. De son côté, la Sœur avait tout profit au contact d'une vertu si pure et d'une piété si fervente.

Pour n'être pas privée de la réception quotidienne de la sainte Eucharistie, la courageuse malade, s'arrachant à sa couche, malgré la faiblesse occasionnée souvent par une nuit sans sommeil, essaya d'abord de se traîner à l'église paroissiale ou à la chapelle de l'hospice. Elle entendait la messe, y communiait, et revenait se jeter sur son lit, épuisée de fatigue, mais heureuse de posséder son Dieu. Bientôt il fallut renoncer à cette consolation. Ce fut alors le divin Maître qui daigna visiter sa servante, et lui apporter, par la vertu de son Corps adorable, force et résignation.

La maladie est regardée comme une pierre de touche pour la vertu. Par le fait, nombre de personnes, très bien douées d'ailleurs, résistent difficilement à cette douloureuse épreuve. Mlle Bessard posséda cette perfection de patience que l'apôtre saint Jacques souhaitait aux premiers chrétiens (1). Jamais on ne l'entendit éclater en plaintes ni en gémissements : tout au plus, l'excès de la souffrance lui arrachait-il quelques soupirs involontaires. Jamais, non plus, elle ne mettait l'entretien sur son mal. Souriante pour ses visiteurs, sensible aux moindres marques de sympathie, reconnaissante des plus légers services, elle donnait ordinairement une réponse évasive quand on l'interrogeait sur son état de santé, et parlait d'autre chose.

L'amie que nous avons nommée plus haut lui dit, un matin, en l'abordant : « Ma chère Victorine, comment avez-vous passé la nuit ? — Merci, et vous ? — Mais vous ne me répondez pas ; vous avez été bien souffrante, j'en suis sûre ? — Oh ! c'était bien supportable. — Je gage que

______

(1) Ep. cath., I, 4.

vous n'avez presque pas dormi? — C'est vrai. »

Une autre fois, il s'établit entre cette même amie et Mlle Bessard le dialogue suivant : « Ma Victorine, comment êtes-vous aujourd'hui ? — Très bien, je vous remercie. — Mais vous souffrez? — Oui. — Comment alors me dites-vous « très bien »? — C'est que le bon Dieu veut que je souffre ; n'est-on pas très bien quand on fait sa sainte volonté? — Que penseriez-vous, s'il vous arrivait de ne plus souffrir du tout? — Je me croirais abandonnée du bon Dieu. — Je parierais que vous avez souvent demandé les souffrances des autres? — Oh! je serais très heureuse de les leur épargner. — Eh bien ! moi, je vous défends de prendre les miennes. »

A la longue pourtant, l'état fiévreux vint à cesser et fut suivi d'un retour apparent à la santé ; mais Victorine Bessard garda toujours une affection du cœur, qui lui causait par intervalles de violentes palpitations et des souffrances aiguës.

Elle avait alors pour médecin le docteur Colomb, natif de Paimbœuf, jeune encore et patronné par le docteur Bessard, qui appréciait grandement sa science et ses aptitudes médicales. Homme de foi et de pratiques chrétiennes, Adolphe Colomb était plus capable que nul autre de comprendre sa vertueuse malade. Victorine, de son côté, lui témoignait une entière confiance et aimait à s'entretenir avec lui. Une mort prématurée déjoua les espérances que faisaient concevoir les débuts de l'habile médecin. Il succomba victime d'un dévouement héroïque, pendant l'épidémie de choléra qui ravagea Paimbœuf, en 1849, moissonnant, en moins de trois mois, une centaine de personnes, chiffre énorme eu égard à la population. La mort du docteur Colomb causa un deuil général, et l'administration municipale fit graver sur la tombe qu'elle lui érigea, aux frais de la ville, le témoignage de la reconnaissance du pays.

CHAPITRE IV

DOULEURS MORALES

Mort d'une sœur tendrement aimée. — Sollicitudes de
Victorine pour les intérêts spirituels de son père et de
sa mère. — Maladie et mort de M. et de Mme Bessard.
— Lumières divines sur leur salut éternel.

IL n'est pas de comparaison à établir entre
les douleurs qui frappent le corps et celles
qui atteignent l'âme. La servante de Dieu en fit
l'expérience ; les peines morales, nous l'avons
insinué déjà, ne lui furent pas plus épargnées que
les souffrances physiques.

Une des premières en date fut la mort, dans des
circonstances particulièrement douloureuses, de
sa sœur Marie.

Cette jeune femme de 22 ans, mariée depuis
quelques mois, succomba après une courte et terrible maladie, alors que son mari, capitaine au
long cours, se trouvait en mer.

Quand l'impuissance des remèdes humains eut

été constatée ; quand, la mort devenant imminente, il apparut que les prières faites pour la conservation d'une sœur tant aimée n'étaient pas exaucées, Victorine ne songea plus qu'à préparer la chrétienne au redoutable passage. Elle l'exhortait avec cette onction qui vient du cœur et qui anime à la céleste espérance. Un instant on crut le sacrifice consommé. La famille en larmes avait quitté la chambre : Victorine était restée seule auprès de sa sœur, lorsqu'elle remarqua que la moribonde ouvrait les yeux et les fixait sur elle comme pour réclamer un suprême secours. Victorine alors, saisissant un crucifix, l'approcha des lèvres de Marie, en lui disant de sa voix la plus douce : « Sœur bien-aimée, baise l'image du Christ, ton rédempteur ! » paroles accueillies par la mourante avec un de ces regards qui laissent d'ineffaçables souvenirs, et ses yeux se fermèrent pour toujours.

C'était le 27 octobre 1836.

Outre les sentiments de douleur fondés sur la nature, les qualités attachantes de Marie Bessard font comprendre quelle amertume causa à tous les siens sa fin prématurée. Le témoignage s'en trouve dans une lettre écrite à Victorine, trois ans après, par le prêtre vénérable qui avait assisté la jeune femme au lit de la mort.

« ... Hélas ! ma fille, je suis occupé aujourd'hui de ce qui vous occupe si péniblement vous-même. Vos souvenirs déchirants sont aussi les miens, et quoique ce soit aujourd'hui dimanche, j'ai pu cependant satisfaire mon cœur, en disant moi-même la messe pour notre chère Marie...

« Pour notre chère Marie ! je vous assure que je suis bien plus tenté de dire cette messe, ces jours de 27, pour tous vos défunts en général que pour elle en particulier, convaincu comme je suis que cet ange de douceur et de bonté, dont la foi était si vive, et la vie si pure et si innocente, est au ciel depuis longtemps et qu'elle prie pour nous. Oui, ma bonne Victorine, c'est là ma conviction, et vous-même, j'en suis sûr, partagez mes espérances... »

Déchiré dans ses affections de sœur, le cœur de Victorine Bessard l'était bien davantage par une douleur d'un ordre plus élevé. Pour une âme éminemment pieuse, peut-il être, en effet, peine comparable à celle de voir les auteurs de ses jours vivre en dehors de la pratique chrétienne ?

Par une anomalie que peut expliquer l'époque
si troublée où s'écoula leur jeunesse, M. et
Mme Bessard, qui possédaient, on l'a vu, des qualités peu communes, qui avaient su faire de leurs
enfants des jeunes filles accomplies, omettaient un
des devoirs essentiels de la religion. Le deuil dont
nous venons de parler fut un premier coup frappé
par la grâce à la porte de leurs cœurs. Fortement
ébranlés, ils ne se rendirent pas. Victorine, à qui
Dieu avait départi, ce semble, l'apostolat dans la
famille, redoublait de mortifications et de prières.
Elle associait à ses supplications la piété de ses
sœurs et de ses amies. Elle tentait auprès de ses
parents tout ce que permettaient le respect filial
et la discrétion, sans obtenir plus de succès. Une
correspondance suivie avec un prêtre ami des siens
démontre à la fois sa sollicitude et sa perplexité.

En quête de toute occasion favorable à l'accomplissement de ses vœux, elle accueillit avec
joie l'idée proposée par M. Aupiais, curé de la
paroisse, que la fille de sa sœur de Nantes vînt
faire sa Première Communion à Paimbœuf, sous
les yeux des grands-parents.

L'autorisation nécessaire fut obtenue, et cette
fête qui devait avoir pour tous de si précieuses

conséquences, eut lieu le 20 juin 1839. Elle empruntait, cette année-là, à une circonstance spéciale, une solennité exceptionnelle. Mᵍʳ de Hercé, l'évêque de sainte et populaire mémoire, venait pour la première fois à Paimbœuf donner la Confirmation. Il fut reçu à l'entrée de la ville par le docteur Bessard, alors maire de la commune, lequel sut avec une réelle élévation de pensées et une rare délicatesse d'expressions lui souhaiter la bienvenue.

Peu après, sur la place de l'église, sa petite-fille, au nom des enfants de la Première Communion, récita un compliment « tout de sa façon », disent les registres paroissiaux, et par là même empreint de cette naïveté qui est un des charmes de l'enfance. Le prélat fut touché de ce rapprochement : il avait répondu à l'aïeul avec son aménité et son tact habituels ; il parla à l'enfant avec l'effusion de la plus paternelle bonté. L'émotion qui avait envahi les membres de la famille dès l'aube de ce jour béni grandissait d'heure en heure, tandis que Dieu, dans sa miséricorde, ratifiait, en leur donnant une efficacité décisive, les bénédictions que le Pontife répandait sur eux tous. M. Bessard eut avec l'évêque un long entretien, à la suite duquel il devint, et resta jusqu'à la mort de Mgr de Hercé, son pénitent et son ami.

Quelque temps après, un accident qui causa dans la famille une grave inquiétude fut pour Mme Bessard le motif d'un retour complet à Dieu. La joie de Victorine était grande, et le prêtre confident de ses tristesses passées le constatait ainsi : « Voyez maintenant, ma bien chère en Notre-Seigneur, si je n'avais pas raison de vous dire qu'un jour le bon Dieu vérifierait chez vous, dès ici-bas, ce verset du Roi-Prophète : *A proportion de la multitude des peines qui ont abreuvé mon cœur, vos consolations, Seigneur, ont inondé mon âme et l'ont fait tressaillir d'allégresse* (1). »

Mme Bessard revenue à Dieu ne regarda plus en arrière, et put goûter, pendant près de vingt ans, la douceur et la joie que procure le service du divin Maître.

Pareillement, M. Bessard ne voulut pas rester chrétien à demi. On vit alors ce vieillard, plus que septuagénaire, assister chaque matin, hiver comme été, à la première messe de la paroisse, visiter le Saint-Sacrement dans la soirée,

---

1. Ps. XCIII, 19.

réciter son chapelet, approcher de la Table sainte, jeûner tout le Carême, en ne prenant, comme un Trappiste qu'un seul repas, vers quatre heures du soir.

LE DOCTEUR BESSARD
à l'âge de 84 ans.

Il atteignit ainsi 87 ans. Alors un affaiblissement progressif fit comprendre que dans peu de temps il cesserait de vivre. Ce que fit Victorine pour soutenir son âme et calmer ses souffrances, il l'exprima lui-même en des termes auxquels il ne faut rien ajouter.

Un soir, après l'avoir installé commodément
dans son lit, comme elle se retirait, elle l'entendit murmurer doucement : « Le bon Dieu te
bénira, ma fille, de tout ce que tu fais pour ton
vieux père ! »

Le 7 mai 1854, entouré de ses enfants, de ses
petits-enfants et de ses proches, comme un patriarche de l'ancienne Loi, le docteur Bessard s'endormit dans le Seigneur.

La vieillesse de Mme Bessard devait occa-
sionner à sa sainte compagne de bien autres
sollicitudes. Des névralgies fréquentes, et parfois
intolérables, dont l'origine se rapporte au chagrin que lui avait causé la mort de sa fille Marie,
déterminèrent, dans ses dernières années, des
congestions cérébrales d'une extrême gravité. Ce
douloureux état réclamait des soins incessants.
Victorine en prit, seule pour ainsi dire, la charge.
Comment dépeindre ses délicates industries auprès de sa pauvre mère ? Le jour, attachée à
chacun de ses pas ; la nuit, étendue près de son
lit, sur un matelas posé à terre, suivant en quelque sorte toutes les respirations de la malade,
elle ne connaissait plus un instant de repos. Au

milieu de telles angoisses, Dieu seul était son secours. Elle crut même, à deux reprises, entendre au fond du cœur : « Sois tranquille, ma chère fille, je veille sur ta mère ! »

MADAME BESSARD
à l'âge de 70 ans.

Elle lui obtint enfin la grâce d'une bonne mort. Mme Bessard, après avoir reçu en pleine connaissance les sacrements de l'Eglise et béni tous ses enfants, rendit son âme à Dieu, le 18 janvier 1861, âgée de 79 ans.

La servante du Christ avait trop conscience

de la sainteté de Dieu, de l'extrême pureté
qu'exige l'admission aux parvis éternels et de
la rigueur des peines expiatoires de l'autre vie,
pour ne pas assister d'abondants suffrages ses
parents bien-aimés. Dans ce but, elle faisait célébrer fréquemment le Sacrifice de l'autel, et aban-
donnait en leur faveur la vertu satisfactoire de
ses communions, de ses aumônes, des indulgences qu'elle pouvait gagner.

Le Dieu qui éprouve est aussi le Dieu qui
console. Touché des larmes qu'il voit répandre,
sensible aux supplications qu'on lui adresse, il
verse le baume sur la blessure et doucement
ferme la plaie. Les Notes spirituelles laissées par
Mlle Bessard nous apprennent qu'elle eut la
persuasion intime du salut de ses parents, et
même de leur entrée au ciel.

Le 27 décembre, jour de la fête de son père,
alors qu'elle priait pour le repos de son âme, il lui
sembla entendre ce qui suit : « Aie confiance
pleine et entière en ma miséricorde, ma fille,
car je l'ai reçu dans mon amour. »

Le 7 mai, anniversaire de la mort du docteur
Bessard : « Ma bien-aimée fille, tes vœux seront
exaucés; mais montre-toi reconnaissante ! immole-

toi sans réserve à ma gloire et à mon bon plaisir. »

Ces Notes, auxquelles on n'est pas tenu sans doute d'attribuer une valeur surnaturelle, sont corroborées par plusieurs autres dans le même sens.

Rappelant ce qu'elle croit avoir entendu, Victorine écrit : 1861. — *Pendant la messe du 27 décembre pour mon père :* « Heureux ceux qui habitent dans votre maison, Seigneur ; ils vous loueront éternellement (1). »

Même jour, pendant la sainte Communion : « Ma fille ! pourquoi douter du cœur de ton Père ? »

7 mai 1862. — « Ma fille, tu retrouveras en moi tout ce que tu as perdu ! »

Par rapport à Mᵐᵉ Bessard, les textes sont plus explicites encore.

9 mai 1861, *fête de l'Ascension de Notre-Seigneur.* — Nota. Après m'être sentie pressée de prier beaucoup dans la sainte Communion pour l'âme de ma mère : « Ma fille !... ta mère

(1) Ps. LXXXIII, 5.

est au ciel ! C'est moi !.. ton Père et ton meilleur ami !... Elle est heureuse pour toujours ! »

Le 12 *mai*. — « L'heureuse délivrance de ta mère doit pénétrer ton cœur d'une profonde reconnaissance... Prouve-le-moi par tes œuvres... Sois à moi, ma fille, à moi seul, et pour toujours ! »

25 *Septembre* 1861. — « Plus d'inquiétude ni de trouble, ma fille, car je viens t'apporter la consolation et la paix !... Tes parents sont au ciel, et tu y arriveras toi-même par la voie épineuse que tu parcours, si tu m'es fidèle jusqu'à la fin... »

Au surplus, il semblerait que ce ne sont pas les seules fois que la servante de Dieu ait reçu l'impression intime de secrets d'outre-tombe.

A une époque antérieure à la mort de ses parents, étant fort affligée de la perte d'une amie d'enfance, elle éprouvait à son sujet un malaise indéfinissable. Une nuit, elle eut un songe dans lequel on lui remettait une lettre dont elle reconnut la suscription pour être de la main de son amie. En ouvrant le pli, elle lut ces simples mots : « Aujourd'hui je suis heureuse ! je monte au ciel ! » Réveillée à l'instant, Victorine n'éprouva point le trouble et l'agitation, signes ordinaires des illusions diaboliques, mais au contraire ce calme intérieur, cette douce paix qui est un des fruits de l'Esprit-Saint.

Les Notes portent encore :

1837 *ou* 38, 27 *janvier*. — Dans un moment d'inquiétude sur le sort éternel d'une personne qui m'était bien chère, je crus entendre cette parole : « Elle est avec toi dans mon Cœur ! »

Quelle était cette personne ?...

Peut-être sa sœur Marie, morte en octobre 1836, et précisément à la date du 27.

Rapprochons enfin des citations précédentes une Note du 8 octobre 1861, les résumant toutes.

« Ma fille, ma parole est véritable, et c'est ma parole que tu as entendue... Elle est heureuse, heureuse pour toujours !... elle t'attend au ciel, où tu dois arriver par la voie de la souffrance .. Courage, ma fille, car je suis avec toi ! et sois unie désormais à tes chers défunts pour louer et bénir mon saint Nom ! »

CHAPITRE V

Nouveaux deuils dans la famille. — La journée de Victorine Bessard. — Soins empressés pour les malades et
les mourants.

En perdant sa mère, Mlle Bessard voyait
le vide se faire désormais à ses côtés.
Ses sœurs habitaient Nantes, et Mme Dugué,
sa tante, sa marraine, qui venait chaque après-
midi passer plusieurs heures avec elle, devait
bientôt lui manquer.

La nuit du 17 décembre 1861, dans un léger
sommeil, Victorine crut apercevoir des flambeaux jetant une clarté sinistre. Comme elle
s'éveillait tout émue, et avec le pressentiment
d'un malheur, on frappait à coups redoublés à
la porte de la maison, pour lui apprendre que
Mme Dugué était mourante. Quand elle arriva, en
toute hâte, sa tante n'existait plus. Son cousin,
Charles Dugué, paralytique depuis plusieurs

MAISON DE MADEMOISELLE BESSARD
première à droite des enfants, avec perspective sur la Grand'Rue.

années, succombait, deux mois après, à une nouvelle attaque, et sa cousine, Victorine Dugué, se
consuma elle-même d'un mal de langueur.

Mlle Bessard resta donc la dernière de tous
les membres de la famille ayant habité Paimbœuf, seule dans une grande maison autrefois si
remplie.

Cependant cette solitude n'était point abandon :
les rapports avec Nantes demeuraient aussi fréquents que possible ; et, pendant les vacances
scolaires, son foyer, antique foyer de la famille,
reprenait parfois l'animation des vieux jours.

Alors, et durant une quinzaine d'années, se
déroule une phase nouvelle dans l'existence de
Victorine Bessard : mélange de recueillement et
d'activité, union de la prière aux œuvres de charité et de convenances sociales ; en un mot, la vie
confondue de Marthe et de Marie, avec le perpétuel tourment d'une santé délabrée.

Ses nuits étant mauvaises, il lui avait été pres-
crit de ne quitter le lit que pour assister à la dernière messe. Elle arrivait donc à l'église un peu
avant huit heures, et se plaçait dans la nef de la
sainte Vierge, au dernier banc, près de la porte.

Plus tard elle adopta, au contraire, le banc le plus voisin de l'autel, dans la même nef, pour n'avoir pas à traverser toute l'église en allant communier.

Victorine s'approchait de la Table sainte, les mains jointes, et le chapelet au bras, comme une première communiante. Son pas était si léger qu'elle semblait effleurer le sol : maintes personnes qui en avaient été impressionnées n'en ont point perdu le souvenir, après plus de trente ans. Au moment où elle recevait la sainte Hostie, son visage se colorait et prenait une expression radieuse, dont plus d'un prêtre, l'ayant communiée, marqua ensuite son admiration. En possession du trésor céleste, la servante de Dieu regagnait modestement sa place, et là, une heure ou une heure et demie, demeurait abîmée dans la contemplation, les yeux pleins de larmes.

Veut-on connaître une de ses méthodes d'action de grâces ?

Tout en ouvrant son âme aux communications intimes que daignait lui faire l'Hôte divin, Victorine, on le sait par son aveu, fit souvent consister son action de grâces en aspirations affectueuses à Notre-Seigneur, et en prières aux Anges et aux

Saints de suppléer par leurs hommages à son impuissance personnelle.

Profondément recueillie au dedans d'elle-même, elle disait alors : « Créatures terrestres, éloignez-vous de moi ! Je possède mon Tout ! Lui seul est digne d'occuper mon esprit et mon cœur ! Anges du ciel, Saints du Paradis, venez au secours de ma misère... Adorez pour moi, louez pour moi, bénissez pour moi... » Elle conjurait la très sainte Vierge de rendre pour elle honneur et gloire à son divin Fils. Après Marie, elle recourait aux membres de la famille du Sauveur, saint Joseph, saint Joachim et sainte Anne, sainte Elisabeth, saint Jean-Baptiste ; elle se tournait ensuite vers chacun des Apôtres, s'arrêtant plus longuement avec saint Jean, le disciple bien-aimé. Elle invoquait encore saint Louis, patron de la paroisse de Paimbœuf ; saint Charles, patron de sa mère et de plusieurs de ses proches ; sainte Elisabeth de Hongrie, patronne d'une tante, d'une sœur et d'une nièce ; enfin, elle s'adressait à sa propre patronne et aux saintes patronnes de ses amies, invitant tous ces intercesseurs célestes à se joindre à elle pour remercier le Seigneur et pour appuyer ses demandes.

MADEMOISELLE BESSARD.   2**

Victorine avait été marraine d'un petit cousin Gustave Dugué, mort à l'âge de deux ans. Elle implorait également son intervention, lui disant avec une simplicité touchante : « Cher ange, que j'ai tenu sur les fonts du Baptême et qui contemplez maintenant la face du Très-Haut, soyez-moi en aide pour louer Dieu... Priez avec moi pour vos parents et vos proches... »

Avant de quitter l'église, elle allait s'agenouiller sur le marchepied de l'autel de la Vierge, et, après une fervente prière, baisait très dévotement le bord de l'autel.

Ses devoirs envers Dieu ainsi remplis, la servante du Christ songeait au prochain. Au lieu de regagner directement son toit, elle visitait alors les malades et les infirmes du voisinage. Un sentiment de foi lui avait fait choisir pour cette œuvre de charité ce moment de la journée de préférence à d'autres. Il lui semblait que les grâces qu'elle venait de recevoir par la sainte Communion rejailliraient plus efficacement sur les demeures dont elle franchissait le seuil, comme Marie, après avoir conçu le Verbe fait chair, se hâta d'aller visiter la maison d'Elisabeth pour y porter la sanctification.

La visite de Mlle Bessard était toujours impatiemment attendue, car ses lèvres distillaient des paroles si suaves qu'elles relevaient le courage des plus abattus. Y avait-il des soins délicats à donner ? elle-même se chargeait de cet office, ou indiquait à l'entourage la manière de procéder. Très au courant de la médecine pratique, par les notions qu'elle tenait de son père et par son expérience personnelle, Victorine s'entendait à merveille aux fonctions d'infirmière, devinait les besoins des malades, les secourait avec un tact particulier, et savait, dans le pansement d'une plaie, épargner au patient toute augmentation de souffrance. Si l'état s'aggravait, elle préparait le malade à la réception des sacrements, et s'appliquait ensuite à tenir son esprit et son cœur fixés sur Dieu, dans l'attente des biens éternels. Tantôt agenouillée près du lit, elle récitait à haute voix quelques prières, auxquelles répondaient les assistants ; tantôt penchée vers le moribond, elle lui suggérait des invocations courtes, mais ardentes, à Jésus et à Marie.

Mlle Bessard semblait, du reste, si visiblement appelée à rendre ces services suprêmes que, plus d'une fois, des malades qu'elle connaissait à peine réclamèrent sa présence à leur lit d'agonie. D'anciennes ouvrières ou servantes de la maison furent constamment de sa part l'objet d'une sollicitude spéciale ; elle parvint même à sauver d'une violente attaque de choléra une domestique, encore au service de la famille, en la soignant avec le dévouement d'une sœur.

Ce serait le cas peut-être de parler de la mission de consolatrice accomplie souvent par Mlle Bessard, avec non moins de zèle que de succès. Un trait suffira. Une mère et sa fille pleuraient leur fils et frère mort en mer pendant une traversée, et elles étaient inconsolables. Victorine arrive, mêle ses larmes aux leurs, prie avec elles, et par des paroles de foi et d'espérance met le baume sur la plaie de ces deux femmes, qui lui en ont gardé un souvenir à jamais reconnaissant.

Mais suivons la journée de Victorine Bessard.

Rentrée chez elle vers 10 heures et demie ou 11 heures, elle prenait son déjeuner : déjeuner frugal, car elle était d'une sobriété extrême, surtout en fait de boisson. Elle couvrait de vin seulement le fond de son verre, et par-dessus versait de l'eau à plein bord ; encore n'en vidait-elle pas toujours le contenu. Après ce modeste repas, elle vaquait à

certains soins domestiques, s'occupait de travaux
à l'aiguille, du genre de ceux dont nous avons parlé
plus haut, entretenait sa correspondance, géra
aussi pendant un temps, et avec une entente parfaite, les intérêts communs de la famille.

Sa remarquable aptitude aux affaires et sa compatissante bonté l'avaient rendue la confidente et le
conseil de bien des embarras et de bien des souffrances : aussi son après-midi se passait-il souvent
à écouter le récit détaillé des peines d'autrui. Et si
quelque démarche de sa part pour l'admission
dans un asile ou autre établissement charitable
pouvait être efficace, elle était toujours prête à
l'entreprendre. Est-il besoin d'ajouter que maintes
fois le service rendu fut d'autre nature ? que
maintes fois sa bourse s'ouvrit devant des nécessités plus pressantes ? Toutes actions accomplies,
autant que possible, dans l'ombre, sous le regard
de Dieu, avec les Anges seuls pour témoins !

Au milieu de ces soins multiples, la fin du jour
arrivait vite. Le repas du soir lui était servi entre
quatre et cinq heures ; après quoi, la servante de
Dieu allait à son jardin, quand la saison le per-
mettait, cultivant avec un véritable amour certaines fleurs délicates, puis reprenait ses pieux

exercices. Elle commençait par la visite au Saint-Sacrement, et, s'il y avait salut à la chapelle de l'hôpital, ou instruction à l'église paroissiale, pendant le Carême ou le Mois de Marie, elle ne manquait pas de s'y trouver.

De retour à la maison, elle lisait alors la vie du Saint inscrit au calendrier pour le jour suivant, puis quelques pages d'un livre de piété. Sa servante et les personnes amies qui recevaient l'hospitalité de son toit étaient admises d'ordinaire à ces lectures du soir. Souvent aussi, pendant la journée, à l'heure du travail manuel, Victorine souhaitait entendre un chapitre de l'*Imitation* ou de quelque livre analogue. Ses nièces, quand elles étaient présentes, lui faisaient la lecture. Même, les dernières années, certaines personnes intimes venaient régulièrement de leurs maisons, pour remplir tour à tour cet office de pieuse charité. La lecture devait être faite lentement, et elle était entrecoupée par les profonds soupirs de cette âme embrasée de l'amour divin, ou inondée de faveurs célestes.

Un jour, il s'agissait de sainte Rose de Lima. Au récit des pénitences de cette innocente vierge, la personne qui tenait le livre s'arrêta, en disant :

« C'est effrayant, pareille vertu ! — Mais quelle consolation pour nous, reprit Victorine, d'avoir part à tant de mérites, grâce à la Communion des Saints ! »

Venait enfin la prière du soir, dite en commun, lorsque Mlle Bessard avait les siens auprès d'elle ; puis, quand elle se retrouvait seule, l'oraison mentale, ou des prières vocales, quelquefois renvoyées à ce moment par suite des entraves de la journée. Rarement avant onze heures ou minuit pouvait-elle songer au repos. Ce repos lui-même était fréquemment coupé par de longues insomnies, pendant lesquelles la servante de Dieu ou chantait des cantiques, ou égrenait son rosaire, ou multipliait les oraisons jaculatoires en faveur des pécheurs, des agonisants, des âmes du Purgatoire, trois objets qui s'offraient à son zèle, spécialement aux heures de la nuit.

CHAPITRE VI

DÉVOTIONS PARTICULIÈRES

La prière en commun. — « Notre-Dame du Souvenir ». —
Le ciboire d'argent. — Pratiques diverses.

 'ÉTAIT chose singulièrement édifiante que
la prière dite à haute voix par Mlle Bessard.

Après le signe de la croix, Victorine commençait toujours par un acte de foi à la présence de
Dieu et un acte d'adoration. Suivaient plusieurs
Pater et *Ave*, à des intentions diverses, et de
courtes aspirations, la plupart indulgenciées,
qu'il est utile de connaître pour avoir la note
caractéristique de sa dévotion.

« Père éternel, je vous offre par les mains de
Marie le Sang très précieux de Jésus-Christ, votre
divin Fils, en expiation de mes péchés, et pour les
besoins de la sainte Église et de son chef. Ainsi
soit-il. »

« Nous vous supplions, Seigneur, de secourir

vos serviteurs — et vos servantes, — que vous avez rachetés de votre Sang précieux. Ainsi soit-il. »

« O très doux Jésus, ne soyez pas mon juge, mais mon Sauveur. Ainsi soit-il. »

« Très miséricordieux Jésus, vous qui brûlez d'un si grand amour pour les âmes, je vous en conjure par l'agonie de votre sacré Cœur, et par les douleurs de votre Mère immaculée, purifiez dans votre Sang tous les pécheurs de la terre qui sont à l'agonie, et qui aujourd'hui même doivent mourir. Ainsi soit-il. »

« Cœur agonisant de Jésus, ayez pitié des pécheurs, ayez pitié des mourants, ayez pitié des âmes du Purgatoire, et donnez la persévérance aux justes. Ainsi soit-il. »

« Mon Jésus, miséricorde ! »

Trois fois, avec cette conclusion : « Miséricorde pour nous et pour le monde entier. Amen. »

Si les aspirations qui précèdent faisaient suite à la prière du soir, récitée selon la formule marquée aux Journées chrétiennes, la servante de Dieu disait, en outre, le Répons de Complies *In manus tuas*, avec l'oraison correspondante : « Nous vous supplions, Seigneur, de visiter notre demeure et d'en éloigner les embûches de l'ennemi ; que vos saints Anges y habitent, afin de nous conserver en paix, etc... »

Elle y joignait une autre belle prière composée par elle-même :

« Mon Seigneur Jésus-Christ, je m'abandonne à vous, ne m'abandonnez pas ; soyez ma lumière dans les ténèbres, veillez dans mon cœur pendant le sommeil ; soyez mon repos, vous qui êtes celui de tous les Bienheureux ; ayez les yeux ouverts sur moi, tandis que les miens seront fermés ; faites par votre grâce que je n'use du sommeil que pour satisfaire à une nécessité que vous avez sanctifiée, et non à la mollesse que vous condamnez. Ainsi soit-il. »

La conclusion finale était : *Benedicamus Domino : Deo gratias. — Requiescant in pace. Amen.*

Ces prières, ces oraisons jaculatoires, déjà fort belles en elles-mêmes, prenaient sur les lèvres de Victorine Bessard une beauté nouvelle. Sous l'impulsion des mouvements intérieurs, sa voix trouvait des accents irrésistibles : elle s'élevait ou s'abaissait par intervalles, et parfois s'arrêtait pour permettre à la servante de Dieu d'essuyer ses larmes. Il n'y avait pas là de déclamation cherchée, mais des élans spontanés de ferveur. Quant aux assistants, ils se trouvaient en présence d'une prédication vivante ; ils pouvaient concevoir ce que doit être la foi qui transporte les montagnes et obtient sûrement l'objet de ses supplications.

Avouons-le, une telle prière, longue et récitée bien lentement, n'était pas sans fatigue pour ceux qui y prenaient part ; mais l'âme en retirait une impression profonde, et l'on se relevait en se disant : « Je viens de prier avec une Sainte !... »

Pour la récitation du Rosaire, Mlle Bessard avait conservé l'habitude de son enfance d'énoncer les Mystères d'après la méthode connue du bienheureux de Montfort. Arrivée à la dernière dizaine, selon une pratique louable sans doute, mais ne se rattachant pas directement au Rosaire, elle s'unissait, avant chaque *Ave Maria*, à l'un des neuf chœurs angéliques, et pour le *Gloria Patri*, à « toute la Cour céleste et tous les Esprits bienheureux ».

Ici trouve naturellement sa place une note transmise, comme il suit, par une personne témoin du fait rapporté.

« L'année de sa mort, nous montions un reposoir devant sa maison, le second dimanche de la Fête-Dieu. Il survint un orage effrayant. Mlle Bessard nous appela près d'elle pour réciter le Rosaire. A chaque dizaine, elle ajoutait : *Et le Verbe s'est fait chair ; et il a habité parmi nous !* pensant apaiser la colère de Dieu par cette aspiration répétée. »

A vrai dire, la pratique mentionnée ici ne lui appartenait pas en propre : la servante du Christ l'avait empruntée à saint Thomas d'Aquin, pour lequel elle professait une très grande dévotion.

Elle aimait encore à invoquer la sainte Vierge sous divers titres de ses sanctuaires vénérés :

« Notre-Dame de Bon-Secours !

« Notre-Dame de Miséricorde !

« Notre-Dame de Pitié !

« Notre-Dame de Bonne-Garde !

« Notre-Dame de Toute-Grâce !

« Notre-Dame de Bon-Conseil !

« Notre-Dame de l'Espérance !

« Notre-Dame de la Salette !

« Notre-Dame de Lourdes !

« Notre-Dame du Souvenir ! »

L'origine de ce dernier titre demande une explication.

A l'extrémité du jardin, près d'une porte donnant accès à une rue peu fréquentée, se trouvait une servitude autrefois occupée par le cheval du docteur Bessard. Cet humble réduit, environné de calme et de silence, invitait au recueillement. Victorine s'y arrêtait volontiers. Le vieux râtelier encore attaché au mur, avec quelques vestiges de foin et de paille, lui rappelait l'étable de Bethléem et le mystère qui s'y était accompli. Mme Bessard, ayant eu connaissance des longues stations de sa fille dans le pauvre hangar, fit blanchir les murs à la chaux et peindre sur l'un d'eux une croix au minium. L'originalité de cet oratoire improvisé disparut sans doute ; mais, comme si Victorine eût voulu reconnaître les attentions de sa mère, elle fit de ce lieu le reliquaire du souvenir.

Un bureau de bois noir, ayant appartenu à l'un de ses beaux-frères mort depuis plusieurs années, devint l'autel ; la croix peinte sur le mur fut remplacée par le crucifix qu'elle avait présenté aux lèvres de sa sœur agonisante. Puis, sur les étagères du bureau s'étalaient d'abord une vierge-mère, jadis possédée par cette même sœur ; ensuite des statuettes, des vases de fleurs, d'autres objets

encore, tous donnés par des êtres chéris, dont
quelques-uns avaient cessé de vivre.

Voilà ce qu'était « Notre-Dame du Souvenir ».

Titre parfait d'exactitude ! Et si Victorine Bessard y recourait souvent dans sa prière, certes
elle en avait le droit : jamais personne ne garda
plus fidèlement au fond de l'âme la mémoire du
passé et le culte du souvenir. Anniversaires de
naissances, décès et autres événements de famille,
fêtes de ses proches et de ses amis : rien ne lui
échappait.

La fervente chrétienne s'était affiliée dès son
adolescence aux quatre Confréries établies dans la
paroisse : le Sacré-Cœur de Jésus, la Bonne
Mort, le Scapulaire du Mont-Carmel et le Saint
Rosaire : elle était d'une exactitude modèle à en
remplir les engagements (1).

Sur la Confrérie du Sacré-Cœur de Jésus se

(1) La bulle d'érection pour la Confrérie du Sacré-
Cœur, à Paimbœuf, est signée du cardinal Caprara, légat
a latere de S. S. Pie VII, et datée de Paris, le 18 décembre
1805. L'inscription de Mlle Bessard se réfère à l'époque de
sa Première Communion. Après l'arrivée de M. Guillet
comme curé, cette Confrérie prit un nouvel essor ; ce qui
valut de Mgr Jaquemet, évêque de Nantes, à la date du

greffa plus tard l'association de la Communion réparatrice : Victorine ne pouvait manquer de s'y agréger. Elle entra également dans une association de l'Adoration perpétuelle, qui prescrivait aux membres une heure d'adoration, non pas seulement dans le mois de juin, comme la Confrérie du Sacré-Cœur, mais chaque mois de l'année. La pieuse associée remplissait ce devoir très fidèlement la veille du premier vendredi, de 9 à 10 heures du soir ; et, de crainte que, par sa faute,

27 août 1860, une lettre également flatteuse pour le pasteur et le troupeau.

L'association de la Bonne Mort prit naissance, à Paimbœuf, en 1816, sur l'initiative d'un visiteur des douanes, M. du Buisson, lequel plus tard, devenu veuf, entra dans le clergé. Elle fut, à la demande de M. le curé Pronzat, érigée en Confrérie par bref pontifical du 5 février 1819, et enrichie d'indulgences par deux autres brefs de Pie VII et un de Léon XII. Mlle Bessard y est inscrite sous le numéro 1097, le 15 décembre 1824.

Mgr de Guérines, évêque de Nantes, avait supprimé, en 1824, la Confrérie du Scapulaire, trouvant qu'il existait trop de Confréries à Paimbœuf, pour une localité peu importante. On prit alors la mesure de transmettre au monastère des Carmélites de Nantes les noms que l'on avait à enregistrer. A cette période se rapporte l'inscription de Mlle Bessard, 16 juillet 1827. Par Lettres patentes du 10 novembre 1851, délivrées à la prière de M. Aupiais, il n'y eût interruption dans la louange divine, pour cet exercice, comme aussi pour son heure de garde du Rosaire perpétuel, elle commençait environ un quart d'heure à l'avance et prolongeait d'un quart d'heure également.

L'oratoire où Victorine faisait son adoration nocturne était contigu à sa chambre, et meublé d'un secrétaire avec un compartiment fermant à clef, et affectant la forme d'un tabernacle. Là était déposé un petit ciboire en argent, jadis acheté par elle pour la chapelle de l'*Asile* ou *Association de la Providence* (1).

curé de la paroisse, Mgr Jaquemet rétablit la Confrérie, qui est toujours florissante. Il est d'usage, comme d'ailleurs en beaucoup d'autres endroits, d'y inscrire les enfants à leur Première Communion.

Enfin, la Confrérie du Saint Rosaire, solennellement érigée, le dimanche 4 octobre 1805, par l'abbé Pronzat, curé et vicaire général, en vertu de pouvoirs qu'il tenait de son évêque, Mgr Duvoisin, fut revalidée dans la suite, par motif de sûreté. Mlle Bessard s'y fit inscrire le 1er novembre 1828.

En 1866, deux Pères Dominicains, donnant une mission à la paroisse, y organisèrent le *Rosaire perpétuel*. Dans la liste des chefs de sections dressée en cette circonstance, Mlle Bessard figure en tête de la seconde section. (Extraits des registres paroissiaux.)

(1) L'Association de la Providence du Saint-Cœur de Marie, à Paimbœuf, date de 1825. Due à la généreuse ini-

Le ciboire donné par Mlle Bessard, étant devenu insuffisant pour les réunions des Dames Patronnesses, dut être remplacé, et lui fut remis alors par M. l'abbé Guillet. Le digne curé savait à quel point cet objet lui serait précieux. C'était, en effet, devant ce ciboire, vide sans doute, mais jadis honoré par la présence de la sainte Hostie, que Victorine Bessard achevait sa journée. Ayant obtenu de toucher à ce vase sacré, d'ailleurs simplement bénit, elle le baisait, et avec quel respect ! avant de refermer la porte du tabernacle. Voici la prière qu'elle avait composée pour cette occasion :

« O Anges qui avez veillé autour de cette de-

tiative de Mlle Caroline de la Tocnaye, fille du sous-préfet d'alors, elle avait pour but de procurer de l'ouvrage aux petites filles pauvres qui suivaient l'école des Sœurs, récemment fondée dans une dépendance de l'hôpital. Ses membres comprenaient, au début, douze jeunes demoiselles sous la présidence de Mme de la Tocnaye, femme du sous-préfet. Après avoir occupé 21 ans un modeste local, l'œuvre prospérant toujours fut transférée sur un emplacement plus vaste, et confiée aux Filles de la Sagesse, qui depuis 1780 desservaient déjà l'hospice de Paimbœuf. Ces religieuses purent dès lors recevoir comme internes vingt à trente orphelines, et annexèrent à l'Ouvroir une salle d'asile, puis les écoles, transférées de l'hôpital en cet endroit.

(Voir articles publiés dans l'*Echo de P imbœuf*, décembre 1896 et janvier 1897.)

meure de mon Dieu, gardez aussi mon cœur qui est devenu son trône. Louez pour moi, adorez pour moi, aimez pour moi, bénissez pour moi, apprenez-moi à aimer et à bénir. Ainsi soit-il. »

Tant que sa santé le permit, Mlle Bessard passa la nuit entière du Jeudi saint devant le reposoir ; et devenant un centre autour duquel se groupaient les autres personnes adoratrices, elle s'efforçait de soutenir l'attention de toutes par des chants, la récitation du Rosaire, des lectures relatives à l'Eucharistie et à la Passion.

La solennité de la Fête-Dieu lui allait particulièrement au cœur. Sa maison était de celles qui se distinguaient le plus dans la ville par leur ornementation ; et en avant, Victorine suspendait à des mâts vénitiens, reliés entre eux par des festons de mousseline, une corbeille de fleurs artificielles, dont la légèreté faisait l'admiration de tout le monde. Quand, de l'un de ses balcons, elle avait salué le passage de son Dieu, en y joignant l'hommage de son œuvre, elle suivait humblement la procession, perdue dans la foule.

Un ancien vicaire de Paimbœuf nous a rapporté une parole de Victorine Bessard qui démontre bien sa grande foi et son ardent amour.

Ce prêtre s'aperçut, une année, dans la semaine qui précédait la Fête-Dieu, que les corbeilles des enfants désignés pour jeter des fleurs devant le dais étaient insuffisamment ornées, et il alla prier Mlle Bessard de vouloir bien confectionner à la hâte un certain nombre de petites roses. — « Je ne demanderais pas mieux, répondit humblement Victorine, mais le temps nous manque; il n'y a plus que trois jours avant dimanche. — Mademoiselle, repartit le prêtre, quelque chose de très simple, de ces roses qu'on appelle roses « à la minute ». — Oh ! Monsieur, reprit-elle avec un accent de profonde conviction, c'est pour le bon Dieu ! il faut tout ce qu'il y a de mieux ! Enfin, j'essaierai. » Le vicaire se retira fort édifié de cette réponse. Le samedi suivant, Victorine lui apporta de charmantes petites roses qui figurèrent avec honneur autour des corbeilles des *fleuristes*.

Le culte de l'Eucharistie inspire nécessairement la dévotion à la Passion du Sauveur, « dont l'admirable Sacrement est le mémorial » (1). C'était aussi un côté particulier de la piété de notre

____

(1) Oraison de la fête du Saint-Sacrement.

sainte. On n'en saurait être surpris : les *Mystères douloureux* de la foi s'harmonisaient si bien avec les souffrances de sa vie ! Le vendredi s'offrait à elle comme un jour de religieuse tristesse ; elle le sanctifiait par des pratiques spéciales, jeûnant, priant les bras en croix, baisant la terre, affectant même de porter quelques vêtements de deuil, sans toutefois être remarquée. Elle aimait l'exercice du Chemin de la Croix, et se servait d'un crucifix indulgencié à cette fin, lorsque la maladie la retenait chez elle. Plusieurs années, le Vendredi saint, elle jeûna au pain et à l'eau, ou ne prit presque aucun aliment.

Sa chambre, véritable sanctuaire par le nombre des statuettes, reliquaires et autres objets pieux qui s'y trouvaient, avait pour principaux tableaux le *Christ à la colonne*, la *Descente de croix*, *Notre-Dame des Sept-Douleurs*. La Compassion de la sainte Vierge, que rappelait cette dernière image, était une de ses fêtes privilégiées, une de celles dans lesquelles elle faisait offrir le saint Sacrifice à ses intentions. Puis Mme Bessard avait choisi ce jour-là pour sa communion pascale ; et nous savons que le cœur de sa fille avait comme hôtes habituels la souffrance et le souvenir.

La servante de Dieu saluait avec un tendre respect les Esprits célestes qui font la garde d'honneur autour du sacré tabernacle, et les priait de tenir sa place en son absence. Son Ange gardien recevait surabondamment l'hommage de sa pieuse affection et de sa fervente prière. Les Anges des personnes avec qui elle avait à traiter n'étaient pas moins l'objet de sa vénération et de son recours ; nous ferions mieux de dire que, outre la perception du monde sensible, Victorine Bessard avait l'impression permanente de la présence du monde invisible et surnaturel.

Enfin, elle ressentait une douce et sainte pitié pour les Ames souffrantes, surtout après avoir lu le *Traité du Purgatoire* de sainte Catherine de Gênes, qui l'avait singulièrement frappée. Elle faisait célébrer annuellement un nombre considérable de messes pour ses parents, ses amis, pour tous ceux qui lui avaient rendu des services un peu notables ; une messe au décès des personnes de la paroisse qu'elle supposait n'en devoir pas avoir par ailleurs.

Assidue à visiter ses tombes de famille et à les entretenir de couronnes d'immortelles, Mlle Bessard, quand elle assistait à des obsèques, suivait le cercueil jusqu'au lieu de l'inhumation ; son exemple contribua, croyons-nous, à faire disparaître un usage qui prescrivait aux dames, lors des funérailles de leurs proches, de quitter l'église avant l'absoute.

Tel est, en raccourci, le tableau des dévotions et pratiques habituelles de Victorine Bessard, notamment durant la période moyenne de sa vie.

MÔLE ET PHARE DE PAIMBŒUF

CHAPITRE VII

Archives dominicaines de Paimbœuf. — Victorine Bessard
entre dans le Tiers-Ordre. — Organisation de la Fraternité.

INSI que nous l'avons constaté, unissant
dans une harmonieuse alliance l'action
à la contemplation, Mlle Bessard, depuis un
demi-siècle, vivait au milieu du monde comme
une parfaite épouse de Jésus-Christ. Dieu réservait à sa vieillesse la grâce d'appartenir réellement à une famille religieuse, par la profession
du Tiers-Ordre dominicain.

Par quelle circonstance, à quelle époque, en
quel lieu Victorine arriva-t-elle à être fille de
saint Dominique ? Elle-même va nous l'apprendre ; car, devenue Prieure de la Fraternité
de Paimbœuf, elle mit par écrit tous ses souvenirs relatifs au Tiers-Ordre de sa ville natale.

Exemple à proposer à toutes les Fraternités ! vrai trésor dans lequel nous puiserons abondamment.

Sous le titre de *Précieuses Archives*, le recueil raconte l'établissement du Tiers-Ordre à Paimbœuf, son organisation, les noms de ses membres : il relate quelques faveurs exceptionnelles qui lui furent accordées, et se termine par un édifiant Nécrologe, s'appliquant aux années comprises entre 1870 et 1885.

En voici les premières pages.

A. M. D. G. — NOTES DOMINICAINES. — 1866.

« *Mission donnée par les Révérends Pères Joseph-Ambroise et Marie-Dominique, et établissement du* Tiers-Ordre de la Pénitence *à Paimbœuf.*

« C'est en 1866 que les Révérends Pères Dominicains vinrent pour la première fois à Paimbœuf. Ils y furent appelés par M. l'abbé Charles Guillet, curé de la paroisse, à l'occasion d'une mission décennale, qui s'ouvrit le 1er janvier et se termina le 29 du même mois.

« Leur arrivée fit grande sensation ; et leur parole, sous le regard du bon Dieu et la protection de la sainte Vierge, eut une influence si salutaire que notre zélé pasteur en fut comblé de joie, et voua dès lors à leur Ordre ses pieuses sympathies.

« Au cours de la mission, les très révérends Pères établirent parmi nous le Rosaire perpétuel. Cette prière bénie, cette louange incessante à l'honneur de l'auguste Reine du ciel, fut accueillie avec empressement et grande espérance, et sembla devenir comme un paratonnerre pour les jeunes gens de Paimbœuf, pendant les jours néfastes de 1870 et 1871.

« Les membres de cette pieuse Association furent recrutés parmi ceux de la belle Confrérie du Rosaire, érigée depuis bien longtemps dans notre paroisse, encouragée et mise en honneur par les vénérés pasteurs qui s'y sont succédé.

« Enfin, au moment où l'heure du départ était près de sonner pour eux, nos zélés missionnaires, voyant la tristesse de quelques personnes dont les aspirations à la vie religieuse avaient jadis été entravées, voulurent leur proposer, comme compensation et pour le bien de leurs âmes, l'entrée dans le *Tiers-Ordre de la Pénitence de Saint-Dominique.* Elles acceptèrent avec joie et reconnaissance, et plusieurs personnes pieuses de la ville se joignirent à elles.

« Telle fut l'origine du Tiers-Ordre dominicain à Paimbœuf. »

Il faut ajouter ici quelques détails complémentaires.

Le lieu choisi pour les réceptions fut la chapelle de l'Asile, où se firent deux cérémonies. Dans la première, à la date du 25 janvier, Victorine Bessard, avec une compagne, reçut l'habit du Tiers-Ordre des mains du T. R. P. Joseph-Ambroise Laboré, et prit les noms de :

Sœur Marie-Caroline de Jésus.

La seconde réception eut lieu le 28, fête, dans notre Ordre, de la Translation de saint Thomas d'Aquin. Trois nouvelles Sœurs furent adjointes aux précédentes, et toutes cinq formèrent le noyau de la Fraternité au début.

Avec moins d'éclat, une autre admission eut une réelle importance et fut un noble exemple donné à l'élite des paroissiens.

Voici en quels termes le fait est consigné dans les *Archives :*

« En cette circonstance, M. l'abbé Guillet, curé de la paroisse, désirant participer lui-même à la grâce de l'état religieux, et devenir par là de plus en plus utile à tout son troupeau, sollicita sa réception au Tiers-Ordre, et y fut admis dans une cérémonie spéciale où, sur sa demande, il reçut les noms de *Frère Dominique-Ambroise*, en mémoire de nos deux missionnaires. Puis ces bons religieux le déléguèrent pour nous diriger, et peu après, muni de leur autorisation, il organisa chez notre vénérée Sœur Agnès de Jésus, — Mlle Adélaïde Gouin, — de petites réunions mensuelles qu'il sut, avec le secours du bon Dieu, nous rendre pleines d'intérêt, et qu'il présida toujours avec sa ferveur et son zèle pour l'avancement de nos âmes, jusqu'au jour où, appelé par l'obéissance à la cure de Saint-Nicolas de Nantes, il se sépara de nous. — Octobre 1870. »

Les Dominicains quittèrent le pays le 30 janvier 1866, après la clôture de la mission ; mais le germe pour le Tiers-Ordre déposé par eux fructifia sous l'influence de la grâce. Déjà, deux mois plus tard, une âme vraiment d'élite, la première de Paimbœuf qui dût porter au ciel la blanche parure des livrées dominicaines, allait à Nantes recevoir la ceinture religieuse des mains du Révérend Père André Meynard, prédicateur du Carême à Saint-Clément.

L'année suivante, 1867, un autre Dominicain, le Révérend Père Matthieu-Joseph Rousset, prêchait la station quadragésimale à Sainte-Croix de Nantes. Les novices de Paimbœuf n'eurent garde de laisser passer une occasion si providentielle d'arriver au terme complet de leurs désirs. On décida qu'elles se rendraient ensemble à Nantes, et que le Révérend Père recevrait leur profession.

La cérémonie, célébrée dans la chapelle des Ursulines, le 21 mars, jeudi de la seconde semaine de Carême, fut une fête intime, mais non dénuée de toute solennité. Par autorisation des supérieurs de l'Ordre, les futures professes, au nombre de cinq, — la sixième novice ne fit profession que quinze jours après, — revêtirent le costume dominicain tout entier. Quand Victorine Bessard s'avança, en tête de ses compagnes, portant la tunique et le scapulaire de laine blanche, la chape et le voile noirs, le rosaire au côté, un grand cierge en main, sa haute taille et sa démarche grave et lente donnaient à toute sa personne un aspect singulièrement imposant.

Dans la pieuse enceinte se trouvaient plusieurs membres de sa famille profondément émus. C'était, du reste, avec les Religieuses Ursulines derrière leur grille, la seule assistance. Un jeune prêtre, neveu de Mlle Bessard, offrit le saint Sacrifice et y communia toutes les Sœurs.

Ensuite, le R. P. Matthieu-Joseph leur adressa des paroles touchantes, et reçut, selon le cérémonial du Tiers-Ordre, la profession de chacune d'elles. Puis il admit à la vêture deux postulantes, qui venaient, en s'agrégeant à la famille dominicaine de Paimbœuf, compléter les joies de ce jour.

Toutes acceptèrent, vers midi, les modestes agapes que leur offrit une de leurs Sœurs habitant Nantes, et, le soir, elles regagnèrent leurs foyers, l'âme inondée de consolations.

A l'occasion de sa profession, Victorine sollicita la faveur d'ajouter à ses noms religieux ceux de *Dominique-Catherine*, et fut autorisée à s'appeler

Sœur Marie - Dominique - Catherine - Caroline de Jésus.

Le cadre de cet ouvrage ne saurait comprendre l'histoire du Tiers-Ordre dominicain à Paimbœuf, et par conséquent la liste complète des admissions qui eurent lieu ensuite. Il faut toutefois mentionner, d'après les *Archives*, celle d'un fervent chrétien, M. Auguste Rivière, entré dans le Tiers-Ordre en même temps que son épouse et d'une ponctualité admirable à ses obligations de Tertiaire, pendant les dix-sept ans qu'il vécut encore.

Mlle Bessard enregistre également l'entrée de son neveu dans le grand Ordre, sous le nom de Fr. Charles-Anatole. La clarté du récit exige que nous en parlions dès maintenant. La séparation ne fut pas sans déchirement, car elle avait pour ses neveux une affection de mère. Mais sa vertu étouffa les réclamations de la nature, pour s'attacher uniquement à « l'amour de préférence », comme elle disait en cette occasion. A la prière instante qui lui fut faite de ne modifier en aucune sorte la forme de son langage, en s'adressant au nouveau Dominicain, elle céda, malgré d'humbles inquiétudes à cet égard. Du moins, dans ses rapports épistolaires avec lui, sut-elle concilier avec un tact parfait la familiarité affectueuse de la tante et la déférence due au religieux. Trois lignes de cette correspondance en fourniront la preuve ; elles font allusion à une réunion du Tiers-Ordre:

« Daigne, bien cher Père, nous envoyer ta précieuse bénédiction en ce moment, et reçois à l'avance l'expression de notre respectueuse reconnaissance. »

Cinq fois, de 1868 à 1880, la Station quadragésimale fut prêchée, à Paimbœuf, par un Dominicain, et aux cinq fois des âmes ferventes s'affilièrent au Tiers-Ordre. En outre, dans l'intervalle, plusieurs religieux, appelés dans le diocèse pour diverses prédications, obtinrent d'aller jusqu'à Paimbœuf, et, après un sermon donné aux associés du Rosaire, dans l'église paroissiale, réunirent les Tertiaires à la chapelle de l'Asile : les Notes dominicaines en font foi.

L'une d'elles relate un épisode d'un édifiant intérêt. Voici cette Note dans sa forme concise :

« 1870. — Pendant la Station de Carême, visite de quatre Sœurs du Tiers-Ordre régulier, du couvent de Bonnay, se rendant à Cocorite (Trinidad). — Messe à l'Asile, à leur intention, et cérémonie du départ, avec instruction du R. P. prédicateur... Cantiques bien touchants, bien

appropriés à la circonstance, par les Enfants de
Marie... Impressions ineffaçables du séjour parmi
nous de ces aimables Sœurs, si heureuses d'aller
se sacrifier, pour la gloire du bon Dieu, au salut
des lépreux et des petits enfants !!!

« Nous devons à la *Couronne de Marie* les
détails sur leur sainte mort... Trois d'entre elles
succombèrent bien promptement, et à peu près
ensemble, victimes d'une terrible épidémie ; un
peu plus tard, la Sœur Louise-Germaine, leur supérieure, dont nous gardons un tout spécial souvenir, les suivit dans leur éternité... » *A. M. D. G.*

En 1873, le R. P. M.-Léon Sarrazin vint
de Poitiers pour prêcher le Carême.

Les archives vont nous dire ce qu'il fit pour les
filles de saint Dominique.

« Le R. P. Marie-Léon, à qui nous devons une
particulière reconnaissance, organisa définitivement en Fraternité le Tiers-Ordre de Paimbœuf,
et une Prieure fut nommée par le T. R. P. Matthieu Lecomte, Prieur des Dominicains de Poitiers, pour succéder à notre vénérée Sœur Agnès
de Jésus, décédée depuis peu. »

La Note n'ajoute pas que la Prieure nommée

n'était autre que Sœur *Marie-Dominique-Cathe-rine-Caroline de Jésus.*

Voyant la ferveur des Tertiaires de Paimbœuf, le R. P. Léon Sarrazin ne s'était pas borné à régulariser leur groupement en Fraternité ; il avait, en outre, tracé pour les réunions mensuelles un règlement dont les Notes dominicaines marquent les articles. Voici les principaux :

« 1º Après *Benedicite* et l'avis en tête du *Petit Office de la sainte Vierge*, les recommandations particulières, suivies de la récitation des psaumes indiqués en cet endroit. »

Ce sont, dans le Premier et le Second Ordre, les « Prières du Chapitre » à l'intention des bienfaiteurs et des personnes spécialement recommandées.

« 2º La partie de l'Office correspondant à l'heure de notre réunion.

« 3º A la suite de l'Office, quelques *Pater* et *Ave* pour les besoins de la sainte Eglise et de son auguste chef, pour ceux des Ordres religieux, etc., et aussi à quelques intentions d'actualité en faveur des vivants et des morts.

« 4º Après ces prières vient la lecture d'un article de la Règle, avec les annotations qui se trouvent dans le *Petit Manuel du Tertiaire ;* puis la vie du Saint ou Bienheureux de l'Ordre honoré ce jour-là, ou l'un des jours les plus rapprochés...

« 5º Nous terminons par le *Salve Regina*, quelques invocations indulgenciées, quelques prières liturgiques, comme le *Domine, non secundum peccata nostra...* Enfin, nous demandons au bon Dieu sa bénédiction, par l'intercession de la Reine du très saint Rosaire et de notre bienheureux Père saint Dominique.

« Nota. — Les jours où M. le **Curé** vient nous exhorter, on retranche l'une ou l'autre des lectures désignées ci-dessus... »

Ce règlement fut ratifié, à la satisfaction de toutes les Sœurs, par chacun des religieux qui vinrent ensuite donner la Station quadragésimale.

Le prédicateur de 1880, le R. P. Xavier Faucher, semble avoir laissé une impression particulière dans la mémoire de nos Tertiaires et de leur Prieure. Les Annales s'étendent assez longuement sur ses prédications, et continuent ainsi :

« Enfin, toutes les œuvres de la paroisse se ressentirent du zèle de ce Révérend Père pour le bien des âmes. Mais le Tiers-Ordre dominicain y eut une part toute spéciale. Il en visita les malades, et réunit trois fois les autres membres au lieu ordinaire de leurs assemblées mensuelles.

« Dans ces réunions, il s'attacha tout particulièrement à nous pénétrer de l'esprit de pénitence, un des caractères distinctifs de notre Ordre, et de la mortification intérieure qui en est le complément; puis de l'esprit d'immolation qui en doit être le fruit... lequel, mieux compris et plus universellement embrassé, attirerait sur la terre de si grandes miséricordes !... Et cela, par la simple acceptation et offrande de nos actions et de nos peines journalières, en union avec tout ce que le Sauveur Jésus, qui nous a tant aimés, a fait et souffert pour nos fautes !...

« A la fin de chaque réunion, nous reçûmes du R. P. Xavier l'absolution des coulpes, en usage dans les grandes Fraternités. »

CHAPITRE VIII

LA FILLE DE SAINT DOMINIQUE

Sentiments de Mlle Bessard sur sa vocation au Tiers-
Ordre. — Fidélité aux prescriptions de la Règle. —
Affection pour sa famille religieuse.

REVENONS à Mlle Bessard, pour nous rendre
compte de ses dispositions intérieures
par rapport au Tiers Ordre. Une phrase peut les
résumer : *Victorine Bessard fut Dominicaine jusqu'à la moelle des os.*

Tout d'abord, elle éprouva un bonheur inef-
fable à se dire véritablement *Religieuse*, épouse
de Jésus-Christ. Car, possédant à fond la notion
du Tiers-Ordre, elle savait y voir non une simple
Association ou Confrérie, rattachée au grand
Ordre par certains liens, mais une partie inté-
grante de la famille dominicaine, la troisième
branche d'un tronc unique planté par un Saint,
une institution qui a donné à l'Eglise les deux
admirables vierges Catherine de Sienne et Rose de

Lima, qui « a produit des Saints sur tous les degrés de la vie humaine, depuis le trône jusqu'à l'escabeau, avec une telle abondance que le désert et le cloître pouvaient s'en montrer jaloux (1)... »

Victorine était religieuse, et religieuse *Dominicaine !*

Dans sa vie antérieure, des aspirations secrètes l'avaient doucement inclinée vers le Patriarche des Frères-Prêcheurs. A ce sujet lui revenait en mémoire un épisode ancien qu'elle aimait à raconter. M. Charles Dithurry, voulant, un jour, faire un cadeau à chacune de ses nièces, leur avait donné le choix entre plusieurs belles gravures étalées sous leurs yeux. Sans hésiter, Victorine avait opté pour une image de saint Dominique. Maintenant, par la profession du Tiers-Ordre, elle était devenue sa fille, et elle se trouvait par

(1) P. Lacordaire, *Vie de saint Dominique*, ch. xv.
La famille dominicaine comprend trois Ordres : le premier ou Grand Ordre, celui des Frères-Prêcheurs ; le second Ordre, celui des Religieuses contemplatives ; et le troisième, ou Tiers-Ordre, embrassant dans sa plénitude des chrétiens de l'un et l'autre sexe, vivant dans le monde, et diverses associations religieuses adonnées aux œuvres multiples de la charité.

là même plus directement placée sous le manteau maternel de Marie.

Du reste, l'Ordre de Saint-Dominique répondait merveilleusement aux tendances intimes de son âme.

L'esprit de cet Ordre, c'est d'abord la pénitence. Or, combien Mlle Bessard avait toute sa vie goûté cette vertu ! On se rappelle ses mortifications enfantines. Une lettre providentiellement tombée entre nos mains fait connaître le soin que devait prendre le confesseur de Victorine, au temps de sa jeunesse, pour modérer son abstinence et ses jeûnes.

L'esprit de l'Ordre dominicain est, en second lieu, oraison et contemplation. Mais s'unir à Dieu par la méditation, la communion et tous les exercices pieux, n'était-ce pas pour Victorine Bessard une jouissance incomparable ?

Quant à l'esprit de zèle et d'apostolat, troisième caractère distinctif de l'Ordre de Saint-Dominique, elle en était imprégnée, comme l'ont démontré jusqu'à l'évidence ses prières assidues pour les agonisants et les pécheurs, ainsi que ses œuvres de miséricorde spirituelle et corporelle envers le prochain.

A de telles dispositions d'âme correspondait

une fidélité inviolable aux prescriptions de la
règle.

SAINT DOMINIQUE
d'après une fresque de Fra Angelico à Florence.

Pour remplir l'obligation des *Heures canoniales*, la pieuse Tertiaire adopta l'Office de la sainte
Vierge de préférence aux *Pater* et aux *Ave*, afin de

se rapprocher davantage de la prière liturgique de l'Eglise, et d'être plus unie à ses Frères et à ses Sœurs du premier et du second Ordre (1).

Comme Victorine n'avançait que lentement dans toute prière vocale, la récitation du Petit Office lui prenait un temps presque aussi long que le demande le bréviaire lui-même. S'il en résultait une fatigue physique, cette fatigue était compensée par l'abondance des consolations intérieures. Car, parvenue aisément à posséder le sens des psaumes et des hymnes, elle les savourait sur l'heure, et en rappelait encore à sa mémoire les versets et les strophes durant la journée.

(1) L'Office des *Pater*, primitivement le seul imposé aux Tertiaires, se compose de vingt-huit *Pater* et *Ave* pour Matines, sept pour chacune des Petites Heures, quatorze pour Vêpres et sept pour Complies. Plus tard, il fut permis d'y substituer le Petit Office de la sainte Vierge selon le rite dominicain.

Le Souverain Pontife Léon XIII, désirant de plus en plus faciliter à toutes les âmes chrétiennes l'entrée dans les Tiers-Ordres, et s'efforçant pour cela d'en adoucir les règles, a, par une décision récente, autorisé les Tertiaires de Saint-Dominique à réciter le Rosaire entier pour l'obligation prescrite des Heures canoniales. Nos Tertiaires sont donc libres désormais de choisir, suivant leur convenance, entre les trois Offices. S'ils sont prêtres, la récitation de leur bréviaire suffit.

La règle impose, à certains jours, l'abstinence et le jeûne, tout en admettant des exceptions prévues. Légitimement dispensée des jeûnes de l'Église par suite de son état de santé, Sœur Caroline de Jésus l'était à plus forte raison de ceux de l'Ordre : son amour des observances ne l'entendait pas ainsi. On la vit même, un jour, dépassant de bonne foi les intentions de sa règle, se contenter d'aliments de collation, tandis qu'elle faisait à des convives, avec une grâce charmante, les honneurs d'une table bien servie. Quant à l'abstinence, outre celle du Carême entier, elle continua de pratiquer celle du samedi, après l'autorisation accordée pour le diocèse d'user d'aliments gras.

Mais, hâtons-nous de le dire, montant chaque jour vers les sommets de la perfection religieuse, Victorine ne tarda pas à comprendre que l'apogée de cette perfection se trouve dans l'obéissance, et qu'en face de l'obéissance, prière, pénitence, œuvre de zèle, tout doit fléchir. D'une docilité admirable à ses supérieurs réguliers et au directeur de sa conscience, elle accepta, nous ne dirons pas sans chagrin, mais du moins sans trouble ni amertume, les dispenses que l'on crut prudent de lui imposer.

A deux reprises, son registre dominicain offre la trace de cette disposition. Lisons plutôt :

« Je tiens à dire ici pour la consolation des personnes qui, à raison de leur affaiblissement physique, se trouveraient légitimement dispensées des mortifications corporelles prescrites par la règle, que le R. P. Xavier nous a déclaré positivement que, dans ce cas, la sainte et humble obéissance, jointe à la mortification intérieure, praticable en toute circonstance, y supplée devant Dieu. »

Plus loin :

« Je crois devoir rappeler la recommandation qu'on nous a faite d'éviter la contention d'esprit dans l'accomplissement de nos obligations, et de ne pas nous troubler des dispenses légitimes accordées par nos supérieurs, mais d'y adhérer avec humble obéissance, nous souvenant que *l'Ordre de Saint-Dominique doit dilater le cœur.* »

Cette dernière réflexion n'est qu'un écho de la parole de Dieu à sainte Catherine de Sienne : « La Religion de ton Père Dominique est toute large, toute joyeuse, toute parfumée : c'est un jardin de délices (1)... »

(1) *Dialogue* 158, édit. E. Cartier.

La filiale dépendance de Sœur Marie-Caroline par rapport aux supérieurs de l'Ordre mérite qu'on s'y arrête. Elle se traduit par une remarquable exactitude à demander, en temps utile, les dispenses nécessaires à ses Sœurs ou à elle-même, à soumettre humblement les permissions présumées, à se confondre si elle craint d'avoir franchi la limite. Le trait suivant en sera le témoignage.

Chaque année, on envoyait de Poitiers à la Fraternité de Paimbœuf une *Sentence* et l'indication d'un *Patron*, tirées le jour de l'Épiphanie, selon l'usage de l'Ordre. En 1889, l'envoi n'avait pas été fait. La pieuse Prieure en fit l'observation dans une lettre à son neveu, le Dominicain.

Après avoir raconté que, le 7 mars, elle « a tenu à rassembler ses Sœurs pour fêter saint Thomas d'Aquin, en union avec leur si vénérable famille dominicaine », elle ajoute :

« J'ai pensé que vous ne m'en voudriez pas d'avoir suppléé à la privation du Patron que vous nous aviez indiqué jusqu'ici, au nouvel an, en proposant à ma petite famille de prier le grand saint Thomas d'en prendre pour nous le titre, jusqu'à décision de notre T. R. P. Prieur, auquel nous voulons être soumises avant tout... Veuille,

mon cher Père, lui demander s'il approuve ce que
j'ai fait spontanément ou s'il m'en blâme, et
assure-le que nous nous soumettons avec respect
à son autorité... »

Mlle Bessard se trouva en relation avec le couvent de Poitiers plus qu'avec aucun autre de l'Ordre, soit parce que son neveu, le P. Charles-Anatole, y résidait, soit parce que ce couvent fut
longtemps le plus rapproché du diocèse de
Nantes, et y étendait sa juridiction pour les
affaires du Tiers-Ordre.

Sans entretenir toutefois de correspondance
suivie avec les supérieurs de cette maison, la
dévouée Tertiaire ne laissait pas, à chaque renou-
vellement d'année et en toute autre circonstance
notable, d'adresser directement au Prieur son
filial hommage et celui de sa Fraternité.

Au surplus, ses témoignages de respectueux
attachement pour les membres de sa famille religieuse surabondent dans ses lettres à son neveu,
et, recueillis un à un, fourniraient des gerbes en
grand nombre. Glanons seulement quelques épis.

Maintes fois elle revient sur ses sentiments de
gratitude à l'égard des Pères qui l'ont admise à la
vêture ou à la profession du Tiers-Ordre : « Ils

ont, dit-elle, des droits si particuliers à ma reconnaissance !... » Et répondant à des hommages de respect envoyés par eux : « Leur religieux souvenir, écrit-elle, m'est précieux à plus d'un titre... »

Ne sachant comment remercier pour des prières faites dans la communauté de Poitiers, « à un moment où sa santé semblait donner des craintes sérieuses », elle charge son neveu de « présenter à chacun des Révérends Pères l'expression de sa reconnaissance, et d'offrir le saint sacrifice de la Messe *pour eux tous sans exception*, à ses intentions pour eux... » — « Ma reconnaissance ne manque à personne », ajoute-t-elle dans une autre lettre sur le même objet.

Elle « s'attriste de la grave maladie » d'un Père de Lyon qui ne lui est connu pourtant que par échange de lettres :

« Prier pour lui, écrit-elle, m'est véritablement un devoir, car il a eu pour moi bien de la charité dans les occasions où j'ai eu recours à son obligeance... »

Les souffrances d'un autre qui l'a dirigée pendant un Carême l'affectent vivement ; elle « prie pour lui et met en prières les Sœurs du Tiers-

Ordre ». Elle s'enquiert souvent de ses nouvelles
« et se réjouit de l'amélioration survenue dans son
état. »

Les épreuves qui atteignent les Ordres religieux
en général ont un douloureux retentissement dans
son cœur. Après les dispersions de 1880, ses lettres ne respirent que sympathie et tristesse. La
vue d'une photographie représentant le couvent
de Poitiers après l'exécution des décrets lui sug-
gère les réflexions suivantes : « C'est avec un
intérêt bien grand que je considère cette porte qui
me dit les douleurs de mes vénérés Pères, cette
chapelle et ce chœur fermés, ces cloîtres et ce bel
enclos devenus presque déserts !... Mais avec
vous j'adore les desseins du bon Dieu, et je prie
pour tous... »

Touchée « des détails navrants » qui lui ont été
transmis de Lyon, « sur ce qui s'est passé au
moment des expulsions » dans cette ville, elle se
préoccupe « des pauvres exilés de Suisse », et
s'informe spécialement du « R. P. Joseph-Ambroise, — alors Prieur de Lyon, — et des autres
Pères de sa connaissance »; elle conclut tristement : « Je ne sais où ils sont, et c'est en Dieu
que je les cherche dans la prière... »

Mais si Victorine s'afflige des violences dont « ses vénérés Pères » ont été victimes, elle s'inquiète plus encore des souffrances et des privations qui peuvent en résulter. Aussi accueille-t-elle avec empressement les souscriptions ouvertes en faveur des noviciats exilés, et s'efforce-t-elle d'y intéresser nombre de personnes : et bien souvent elle ajoute de sa bourse, afin d'envoyer une somme plus ronde.

Elle met à la disposition des religieux de Poitiers « une *petite réserve* pour le moment tristement opportun qu'ils semblent pressentir ». Lorsque, cédant à des instances réitérées de sa part, on la prie de vouloir bien adresser son aumône, elle voit dans « cette demande une marque d'affection qui lui va au cœur », et en annonçant l'envoi de la « petite réserve », consistant en un billet de *mille francs,* elle dévoile les sentiments de son âme par cette phrase exquise de délicatesse : « Merci de m'avoir mise à même de vous rendre un petit service !... »

D'autres couvents reçurent d'elle également, à différentes époques, de « riches offrandes », comme certains écrits en portent la trace.

Mlle Bessard s'intéressait aussi à l'Ecole apos-

tolique de la Province de Lyon. Elle « priait et
faisait prier ses chères Sœurs du Tiers-O.dre pour
l'examen des vocations dominicaines ». Depuis
la fondation de l'Ecole à Poitiers, en 1876, elle
ne cessa de fournir la pension annuelle d'un élève,
et, dans un temps, elle correspondit avec l'enfant
qui profitait de sa libéralité. Ses lettres à ce jeune
protégé témoignaient d'une bienveillance marquée, et contenaient toujours une humble recommandation à ses prières.

Autant que ses ressources le permettaient, la
dévouée Tertiaire se procurait les diverses publi-
cations dominicaines qu'on lui signalait, et mettait son zèle à les propager.

Tout événement de quelque importance pour
l'Ordre, en arrivant à sa connaissance, trouvait
écho dans son cœur.

« J'ai vu dans la *Couronne de Marie*, écrit-elle
un jour, de touchants détails sur le départ de vos
chers expulsés pour la Hollande... mes vœux les
ont bien accompagnés. »

En 1884, le Maître de l'Ordre, déjà spolié de la
majeure partie de ses immeubles généralices, fut
mis en demeure par le gouvernement italien de
quitter le pauvre coin de la Minerve où il était

relégué. Victorine Bessard l'apprenant écrit au P. Ch.-Anatole : « La circulaire de votre Révérendissime Père Général m'a bien péniblement impressionnée. Dis à tes supérieurs, cher neveu, toute la part que je prends à leur douleur, qui est aussi la nôtre... »

Quelques années après, c'est la mort du R. P. Matthieu Lecomte, à Jérusalem, qui lui inspire des lignes empreintes de la plus délicate tristesse.

« En parcourant la *Couronne de Marie*, j'ai rencontré une nécrologie qui m'a initiée aux derniers moments et à la mort du T. R. P. Matthieu Lecomte. Bien que je ne le connusse que de réputation, et par les rapports que plusieurs des nôtres ont eus avec lui, j'ai été bien attristée de cette nouvelle, *véritable deuil pour sa famille dominicaine, et particulièrement pour les très révérends Prieurs qui lui ont succédé à Poitiers !* Après une vie si bien remplie pour la gloire du bon Dieu et le salut des âmes, on peut espérer qu'il en a reçu la récompense. Mais cela ne m'empêche pas de joindre mes prières, et celles de mon Tiers-Ordre, aux saints sacrifices que vous offrez pour lui obtenir la céleste béatitude, ou pour remercier le bon Dieu de la lui avoir donnée, s'il en a déjà la possession... »

Suivent des compliments de condoléances à l'adresse des religieux du couvent.

CHAPITRE IX

Comment Mlle Bessard comprend les devoirs de sa charge.
— Intérêt qu'elle sait donner aux réunions présidées
par elle. — Dévouement affectueux à ses compagnes.

On connaît la Tertiaire : il reste maintenant à étudier la Prieure de la Fraternité dominicaine.

Intelligence distinguée, esprit judicieux, cœur plein de bonté, parole persuasive, douceur et fermeté, Sœur Caroline de Jésus possédait ces qualités maîtresses qui font une parfaite supérieure de communauté. Dans une sphère plus modeste, mettant ces dons naturels au service de ses compagnes, elle sut rendre son Tiers-Ordre également recommandable devant Dieu et devant les hommes. Messieurs les Curés successifs ont, en diverses occasions, rendu ce témoignage que les Tertiaires de Saint-Dominique étaient « des perles » dans leur paroisse de Paimbœuf.

Les réunions se tenaient chez la Prieure. Cette disposition, prise au début, fut providentielle, en permettant à Sœur Marie-Caroline, pendant les seize années qu'un mal cruel la retint captive dans sa maison, de continuer à régir efficacement la Fraternité.

Rangées en deux chœurs, à droite et à gauche d'un petit autel qui portait, entourée de cierges et de fleurs, la statue de saint Dominique, avec une relique du bienheureux Patriarche et une autre de sainte Catherine de Sienne, les Sœurs récitaient une partie de l'Office, entendaient la lecture ou l'instruction, et priaient à des intentions diverses, selon le règlement tracé plus haut.

Mais ce qu'il importe de remarquer, c'est le caractère intime de la réunion, l'onction qui vivifiait toute chose, sous l'impulsion donnée par la sage Prieure.

Quand le prêtre faisait défaut, à elle revenait de droit la présidence; elle s'acquittait de ce soin à merveille. Sa parole était enflammée, son exhortation chaleureuse : il semblait que son âme était passée tout entière sur ses lèvres.

« A considérer sa grande dignité d'aspect et d'attitude, écrit un témoin, on eût dit une de ces

abbesses que l'on voit représentées dans les ver-
rières d'églises. »

Autre témoignage, rendu par ses compagnes
elles-mêmes, dans une notice insérée au Nécrologe de la Fraternité :

« Malgré ses grandes souffrances, notre vénérée
Prieure était très exacte à réunir ses Sœurs au
jour fixé pour la réunion mensuelle. Rien n'arrêtait son ardeur. Elle édifiait les Sœurs par de
bons conseils et de bonnes lectures, leur recommandait surtout la règle du Tiers-Ordre, qu'elle
avait tant à cœur de voir observer. Elle nous
faisait prier pour l'Eglise et son chef, pour le
clergé, tout particulièrement pour nos prêtres de
Paimbœuf; puis pour nos Révérends Pères Dominicains et leurs œuvres ; pour sa famille selon
la nature et pour les nôtres; pour les agonisants,
les âmes du purgatoire, les personnes recommandées à ses prières et celles qui pourraient lui
être recommandées à l'avenir : elle embrassait
tout dans son immense charité. Souvent elle
nous disait : « Nous sommes peu nombreuses,
mes Sœurs, nous formons un tout petit noyau.
Eh bien ! soyons donc très ferventes... »

Du reste, l'intelligente Prieure savait écarter la monotonie, et entretenir parmi ses Sœurs une allégresse toute spirituelle.

Comment s'y prenait-elle ? Demandons-lui son secret.

« La petite Sentence que vous avez eu la charité de tirer pour nous, le jour de l'Epiphanie, nous a fait bien grand plaisir ; le choix en était providentiel. Je l'ai copiée et offerte à tous les membres du Tiers-Ordre, et, avec le petit mot du T. R. P. Prieur, elle a jeté sur notre dernière réunion un intérêt tout spécial qui, je l'espère, portera ses fruits (1). »

« J'ai reçu avec bien du plaisir les images du Rosaire qui me sont venues de Poitiers. J'offre au Révérend Père qui me les envoie l'expression de ma reconnaissance avec l'hommage de mon respect. J'ai pu convoquer mon petit troupeau le jour de la fête de sainte Catherine de Sienne, que nous avons tâché d'honorer et de prier de notre mieux. Puis, après avoir récité les Litanies de la

(1) Au P. Ch.-Anatole, 4 février 1883.

Sainte, nous avons vénéré ses reliques, et j'ai distribué les jolies images bleu et or. Les visages de mes Sœurs étaient radieux et tous les cœurs contents (1). »

Le 4 août, fête de saint Dominique, avait été choisi, sur le conseil d'un Père que Victorine avait vu à Nantes au Carême de 1874, pour la rénovation de la profession dans le Tiers-Ordre. Autant que faire se pouvait, M. le Curé de la paroisse venait recevoir, comme délégué, l'acte de rénovation. A la suite de la Prieure, chaque Sœur prononçait la formule suivante :

« A l'honneur du Dieu tout-puissant, Père, Fils et Saint-Esprit, de la bienheureuse Vierge Marie, et de saint Dominique, notre Père,

Moi, Sœur N...

renouvelle en ce jour avec bonheur ma profession, au pied du Crucifix, et en présence des saints Anges, — et en votre présence, mon Père, délégué pour nous par nos supérieurs domini-

(1) 5 mai 1887.

cains, — et promets que je veux vivre selon la
Règle et les Statuts du Tiers-Ordre des Frères et
Sœurs de la Pénitence de Saint-Dominique, jus-
qu'à la mort. Ainsi soit-il. »

On chantait alors le *Magnificat*, et M. le Curé
bénissait des roses et des images que chaque personne emportait comme mémorial de la pieuse
cérémonie.

Mais une réunion qui marqua peut-être plus
que toutes les autres dans les fastes de la Fraternité, fut celle où l'heureuse Prieure porta à la
connaissance de ses compagnes l'envoi d'une
bénédiction du Maître Général lui-même. Ce lui
parut une faveur insigne ; aussi jugea-t-elle à propos d'en perpétuer le souvenir. Elle écrit pour les
Archives du Tiers-Ordre :

« UNE BÉNÉDICTION DU RÉVÉRENDISSIME PÈRE
GÉNÉRAL.

« Au mois d'août 1886, le Révérendissime Père
Joseph-Marie Larroca, Maître Général de l'Ordre
des Frères-Prêcheurs, visitant son couvent de

Poitiers, a daigné, sur la demande du R. P.
Charles-Anatole , accorder paternellement une
bénédiction spéciale à la Fraternité dominicaine
de Paimbœuf. Une petite image signée de sa main
est le gage de cette bénédiction.

« Nos Sœurs, pénétrées de reconnaissance, en
recevant communication de ces précieuses faveurs, ont offert à Notre-Seigneur, à la très sainte
Vierge et à notre bienheureux Père saint Dominique, leurs prières et leurs souhaits les meilleurs
pour ce révérendissime et si bon Père. — *Laus
Deo !* »

Et pourtant les pieuses industries de Sœur
Caroline de Jésus ne réussissaient pas toujours à
bannir la tristesse et l'inquiétude. Témoin la
remarque suivante :

« Hier, troisième jeudi de novembre, a eu lieu
notre réunion mensuelle. Nous étions tristes ;
probablement l'une de nos Sœurs, par suite de
malheurs de famille, va être obligée de nous
quitter pour aller s'établir à Nantes. C'est une très
fervente Tertiaire, qui se recommande instamment aux prières de ses Pères en saint Dominique. . . »

Une autre fois, on trouve mentionné au registre de la Fraternité le départ de deux Tertiaires, « restant néanmoins affiliées au Tiers-Ordre de Paimbœuf ».

De telles pertes touchaient sensiblement le cœur de l'affectueuse Prieure, et en même temps stimulaient son zèle pour chercher de nouvelles recrues. Elle essayait alors, avec discrétion, quelques démarches auprès des personnes que recommandait une plus grande piété. Ses avances rencontraient parfois bon accueil, parfois aussi se heurtaient contre des difficultés imprévues.

Cette sollicitude pour l'augmentation de son Tiers-Ordre est le thème fréquent de sa correspondance soit avec Poitiers, soit avec une Tertiaire de Nantes, dont les pensées et les sentiments s'harmonisaient avec les siens.

Parlant, un jour, de nouvelles Sœurs entravées dans la poursuite de leurs desseins : « Je crois, dit-elle, que mes deux novices en resteront là pour le moment, en attendant une occasion pour faire leur profession ; mais elles ne paraissent pas du tout chanceler pour leur persévérance dans le Tiers-Ordre. »

Cependant les difficultés grandirent, l'occasion

propice ne se présenta pas. — « Je suis bien triste, écrit Victorine, que mes novices n'aient pu profiter de la présence de nos Pères à Nantes pour aller faire leur profession. Qu'en adviendra-t-il ? Dieu seul le sait... »

Mais aussi, combien elle est heureuse de pouvoir écrire plus tard :

« Notre nouvelle professe est tout à fait contente de l'être devenue !... »

« Notre nouvelle professe se maintient dans toute sa ferveur !... »

C'est que, sur les entrefaites, un Dominicain était venu à Paimbœuf, et, dans l'oratoire de la Prieure malade, avait reçu la profession de l'une des novices attardées. La cérémonie prit un caractère solennel. M. le Curé y assista avec MM. ses vicaires ; il amena le fervent Tertiaire dont on a parlé précédemment, et toutes les Sœurs revêtirent l'habit de l'Ordre avec grande allégresse.

Malgré ses efforts pour l'accroissement de sa famille religieuse, Sœur Marie-Caroline dut se résigner néanmoins à la voir rester à l'état de « petit troupeau ». — « Courbons nos fronts, disait-elle, et adorons les desseins du bon Dieu ! » En revanche, elle pouvait dire

aussi : « Mon tout petit troupeau est bien fervent (1). »

En dehors des assemblées mensuelles, Sœur
Caroline de Jésus était toujours à la disposition
de ses compagnes ; elle les écoutait, les encou-
rageait, s'associait à leurs épreuves et à leurs
joies, se montrait pour toutes une véritable mère
dans le Christ.

Lisons le témoignage rendu par la plus jeune
de ses filles spirituelles.

« C'est le jour de ma Première Communion que
je vis pour la première fois Mlle Bessard.

« On avait dit à ma mère que la pieuse malade,
qui était vénérée à Paimbœuf comme une Sainte,
aimait beaucoup à recevoir la visite des enfants de
la Première Communion. J'allai donc la voir avec
ma mère. Mlle Bessard me donna une image, que
dès lors j'ai regardée comme une relique. Je ne
fus pas la seule à la visiter : d'autres commu-
niantes vinrent également ; toutes reçurent un
souvenir du beau jour, avec de douces paroles
sur la bonté du Sauveur Jésus.

(1) Lettre à Mlle H., 1885.

« Les années qui suivirent, je fis avec ma mère plusieurs visites à Mlle Bessard. Mais ce fut depuis 1889 que je la vis plus fréquemment et plus intimement. A cette époque, en effet, il me fut permis de me joindre aux Tertiaires pour leurs réunions mensuelles.

« Quel bonheur nous procuraient ces chères réunions ! Quelle consolation pour nous toutes de prier avec une âme si sainte et si unie à Dieu !

« Ce qui, je crois, me frappait le plus dans la vénérée Prieure, c'était cette bonté si touchante, si maternelle à notre égard ; cette crainte excessive de ne pas contenter tout le monde. Elle semblait n'avoir d'autre désir, après la gloire de Dieu, que de faire plaisir, même en de petits détails auxquels toute autre n'aurait pas songé.

« Cette bonté me touchait plus encore, je l'avoue, quand j'étais seule avec elle. J'avais peine à comprendre tant de sollicitude pour moi. Je trouvais cette âme si grande, si élevée, et je me voyais si petite à côté d'elle ! C'est alors que parfois elle me priait de lui faire une lecture, et me remettait ces petits recueils, écrits de sa main, qui me laissaient voir en quelle intimité elle vivait avec son divin Epoux.

« Dans mes entretiens familiers avec elle, je pus découvrir une autre marque de la vraie sainteté ; je veux dire son attachement si filial à la sainte Eglise, et par là même à tous les représentants de Dieu. Rien n'était pur et élevé comme cette affection. Près d'elle on puisait un respect profond de l'autorité et des pouvoirs religieux ; près d'elle aussi, on apprenait à seconder ceux qui travaillent pour l'œuvre de Dieu, et à faciliter leur ministère par une soumission et un dévouement sans bornes.

« Mais rien n'égale peut-être l'émotion que j'éprouvai, un soir que, m'ayant fait appeler pour m'entretenir d'une chose dont je lui avais fait la confidence peu de jours avant, elle me montra, par une réponse fort inattendue, qu'elle avait connu surnaturellement, je crois, ma pensée intime. Plus affectueuse encore qu'à l'ordinaire, elle ajouta : « Mon enfant, désormais je vous mettrai au rang des âmes qui me sont le plus chères, et pour lesquelles je fais chaque jour une offrande au bon Dieu : oui, je veux que vous ayez part à cette offrande. » Pour moi, profondément émue, confuse, je ne comprenais qu'une chose, c'est que j'avais devant moi une Sainte ! »

L'action de Mlle Bessard s'étendit au delà même
de Paimbœuf. Entrée en relation avec plusieurs
Tertiaires dominicaines de Nantes, elle échangea
avec celles-ci, surtout avec la Prieure de la Fraternité, un pieux commerce épistolaire. Les lettres
ne suffirent pas : on désira se voir. Quelques
Sœurs vinrent exprès de Nantes fraterniser avec
la Prieure de Paimbœuf et ses compagnes. Dans
une réunion tout intime, les unes et les autres
savourèrent la satisfaction de prier ensemble, et
de former de nobles résolutions pour vivre en
vraies filles de saint Dominique. « Ces résolutions, écrit l'une d'elles, nous étaient inspirées
par notre sainte Sœur, dont les paroles enflam-
mées pénétraient et touchaient nos âmes... Avec
quelle joie, quelle amabilité elle nous reçut !
Quelle généreuse hospitalité elle nous offrit !
Mais plus encore que cela : quel parfum de vertu
ne respirait-on pas près de cette sainte âme ! Son
humilité, sa douceur, sa patience au milieu des
épreuves, son brûlant amour de Dieu, de Jésus-
Hostie, sa tendre dévotion pour Notre-Dame du
Rosaire portaient au bien... »

✠✠

CHAPITRE X

Avertissement céleste. — Maladie rebelle à tout remède.
— Mlle Bessard se refuse à demander sa guérison. —
— Communions de la malade.

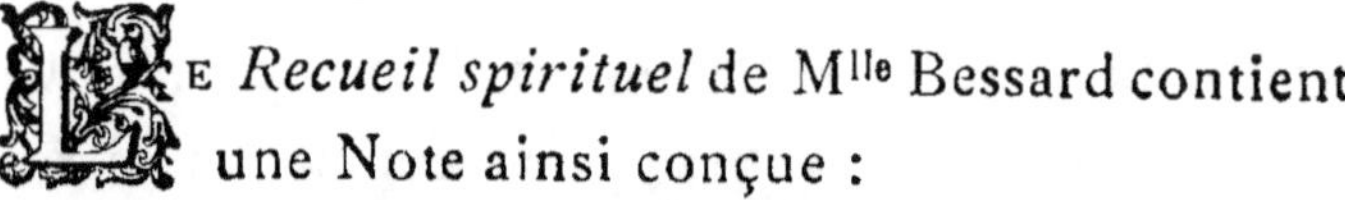

E *Recueil spirituel* de Mlle Bessard contient une Note ainsi conçue :

14 Novembre 1860. — Nota. J'ai cru devoir prendre au figuré ce qui suit : « Ma fille, ma couronne d'épines ceindra ton front, la lance percera ton cœur, mes clous t'attacheront sur un lit de douleur !... Heureuse ! si tu demeures unie à moi dans la simplicité de ton cœur pendant cette épreuve !... Heureuse, si tu comprends les trésors cachés dans l'humilité !... car tu en recueilleras les fruits précieux !... »

N'hésitons pas à voir dans ces paroles un avertissement céleste de l'épreuve réservée à la servante de Dieu pendant ses dernières années.

Le dimanche 25 avril 1875, Victorine Bessard se rendait aux Vêpres, en compagnie d'une voisine, lorsque, à mi-chemin, elle sentit dans ses membres une raideur semblable à la paralysie. On la soutint pour l'empêcher de tomber. Sa domestique la pressa de regagner sa demeure : « Non, dit-elle, je veux aller à l'église, c'est peut-être la dernière fois. » Elle n'y arriva qu'au prix de fatigues inouïes, revint avec plus de peine encore, et dut aussitôt se mettre au lit. Des secours immédiats arrêtèrent la paralysie, qui se transforma en un état de souffrances et de langueur d'un caractère vraiment à part et difficile à préciser.

Cette maladie présentait des phases diverses. Habituellement elle consistait en fièvres intermittentes, vives douleurs de tête, palpitations du cœur, soulèvements d'estomac. Plusieurs fois avant la catastrophe finale, elle prit le caractère aigu : les congestions au cerveau se succédèrent à intervalles rapprochés, créant un danger sérieux pendant un ou deux jours. Ce danger passé, la pauvre infirme revenait à sa condition ordinaire de faiblesse et d'anémie. La nuit, elle dormait d'un sommeil court et léger ; le jour, prenait peu de nourriture et quittait son lit pour quelques heures seulement. En dehors des périodes de crises, nécessitant la visite du médecin et l'emploi de remèdes énergiques, Victorine se contentait des précautions indiquées par la science ou l'expérience, pour prévenir les accès, les conjurer à leur apparition et en neutraliser les suites. Telle fut à peu près la situation de seize ans et demi.

Insister sur sa résignation, sa patience, sa douceur, serait tomber dans des redites. Ce qu'elle avait été durant ses maladies antérieures, Mlle Bessard le fut dans celle-ci, avec l'accroissement de la vertu acquise.

C'est maintenant qu'elle se trouvait constituée dans l'état prédit, quinze ans plus tôt, sous un langage figuré, par son divin Maître ! « Ma couronne d'épines ceindra ton front, la lance percera ton cœur, mes clous t'attacheront sur un lit de douleur !... » Vraie victime, associée au Christ sur la croix, s'offrant nuit et jour en holocauste pour l'exaltation de la sainte Eglise, la conversion des pécheurs, le salut des agonisants, le soulagement des âmes souffrantes, elle réalisait la suite de la prédiction : « Heureuse, si tu demeures unie à Moi dans la simplicité de ton cœur pendant cette épreuve !... Heureuse, si tu comprends les trésors cachés dans l'humilité !... car tu en recueilleras les fruits précieux !... »

Soumise en tout à la volonté divine, jamais Victorine Bessard ne songea à solliciter du Ciel sa guérison. Disons plus : elle se refusa expressément à en faire la demande.

En 1878, après la mort de Pie IX, on lui proposa de s'adresser au Pontife défunt, que Dieu semblait glorifier déjà sur terre par des grâces extraordinaires obtenues à l'invocation de son nom. Un fragment de la soutane du Saint-Père pouvait être procuré à la malade ; ses amis et ses proches se seraient unis dans une fervente neuvaine. Victorine répondit simplement : « Je suis bien touchée des attentions qu'on a pour moi ; mais la guérison d'une personne de mon âge ne saurait servir efficacement à la glorification du saint Pontife Pie IX ; j'aime mieux m'abandonner à la volonté du bon Dieu ! »

Que d'amertume pourtant offrait cette existence ! Mlle Bessard était naturellement femme de bonne compagnie, d'une conversation agréable et distinguée ; aussi souffrit-elle beaucoup de son isolement, surtout au début. Pas un des siens, on l'a dit, n'habitait Paimbœuf ; et, soit empêchements réels, soit discrétion exagérée de la part de ses connaissances, soit excès de précautions prises par sa garde-malade, pour écarter des visites réputées de nature à lui causer de la fatigue, la solitude se fit autour d'elle. Quelques réflexions jetées au hasard dans sa correspondance laissent percer la peine qu'elle en éprouvait : « Mes amies, par suite de sollicitudes ou de souffrances, ne m'approchent guère... »

« Hier, mes nièces C... et M... me sont arrivées de leur campagne. Elles partiront définitivement pour Nantes le lendemain de la Toussaint. Bien que je ne les visse que de courts instants, leur éloignement me devient un nouveau sacrifice à offrir au bon Dieu... »

Une année, la maladie s'abattit dans le même temps sur plusieurs membres de la famille ; pour Victorine, nouveau sujet d'angoisse et d'abandon.

« Tes deux lettres, écrit-elle à un neveu, m'ont été une véritable consolation dans l'isolement et les tristesses où m'ont laissée les souffrances de presque tous les nôtres depuis quelques mois... »

Il plut enfin à la Providence de mettre un peu de baume sur la plaie de son cœur, en facilitant le retour des âmes charitables pour rompre la motononie de ses journées. C'étaient les Sœurs du Tiers-Ordre, toujours heureuses de parler du bon Dieu avec leur sainte Prieure ; puis des religieuses de l'hôpital et de l'Asile, « empressées, quand elle éprouvait un surcroît de peine morale ou de souffrance physique, à s'y intéresser devant Dieu » ; des personnes honorables de la ville, admiratrices de sa vertu et jalouses de s'édifier auprès d'elle ; enfin des amies d'enfance, fidèles dans leur vieille affection.

L'une de ces dernières, devenue gravement malade, témoigna un amer chagrin de ne pouvoir embrasser Mlle Bessard avant de mourir. Victorine l'apprend : elle n'hésite pas. La distance était de 5o à 6o mètres. Malgré des difficultés fort grandes, soutenue par le fils de son amie, elle se transporta près de sa couche, et put lui donner, avec le baiser d'adieu pour la terre, le rendez-vous suprême au ciel.

Que de choses renferme la phrase suivante ! « Heureusement, dans ma solitude, j'ai un jour de grande consolation : c'est celui de ma communion, fixé d'ordinaire au mardi. »

Chaque semaine, en effet, M. le Curé, après être venu la veille entendre la confession de la malade, lui apportait la divine Eucharistie. C'était l'occasion d'une cérémonie touchante, et jusqu'à un certain point solennelle.

Vêtue de linge parfaitement blanc, Victorine faisait recouvrir son lit d'une étoffe très fine et orner les appartements qui conduisaient à sa chambre. Sur divers meubles, garnis de serviettes de batiste, on plaçait des flambeaux et des vases de fleurs. La table sur laquelle serait déposé le saint Ciboire, tendue elle-même d'une nappe damassée, supportait guirlandes, bouquets, chandeliers de cristal ou d'argent, bénitier en forme de coupe, autant d'objets « rappelant à Victorine Bessard tous ses neveux et nièces », de qui elle les tenait. Ajoutons un détail dont l'idée semblerait étrange, si elle n'avait été inspirée par la foi et la charité : des portraits-cartes, disposés dans le tiroir de la table, soumettaient en quelque sorte chacun des membres vivants de la famille à l'influence salutaire de la bénédiction de Dieu ! Enfin un vaste tapis se déployait sous les pieds du prêtre, et un tabouret brodé lui servait d'agenouilloir.

Le Saint-Sacrement était suivi d'un cortège nombreux de Tertiaires et autres personnes pieuses, toutes faisant leur profit de l'exhortation adressée à la malade.

Après le départ du prêtre commençait l'action de grâces. La servante de Dieu adorait, louait, remerciait en silence, puis « dans l'intimité de la divine Eucharistie, selon ses propres expressions, formulait ses supplications et ses vœux pour tous ceux qui lui étaient chers dans le Seigneur ». Au bout de une ou deux heures de prière mentale, ressemblant parfois à l'extase, elle se levait, et, devant la table toujours ornée, récitait, soit seule, soit avec des personnes intimes, bon nombre de *Pater* et d'*Ave*, priait enfin aux intentions du Souverain Pontife pour bénéficier des indulgences attachées à la réception du Corps adorable de Jésus-Christ.

Habituée à mettre de l'ordre en toute chose, Victorine avait dressé une liste des indulgences plénières qu'elle pouvait gagner dans sa chambre,

et les avait réparties au nombre de trois ou quatre
pour chaque communion. Elle commençait par la
prière devant le crucifix : *O bon et très doux
Jésus !* substituant aux cinq *Pater* et *Ave* d'usage
une autre prière qu'on lui avait dit être usitée à
Rome. Nous la donnons ci-après, parce qu'elle
est fort belle et peu connue en France. On sait
d'ailleurs qu'en général aucune formule n'est
rigoureusement prescrite pour remplir les intentions du Souverain Pontife.

« Mon Seigneur Jésus-Christ, pénétrée de la
plus vive douleur à la vue de mes fautes, j'offre
ces faibles et humbles prières pour votre honneur, votre gloire et l'avantage de votre Eglise ;
sanctifiez-les et donnez-leur du prix par votre
grâce.

« Je désire me conformer entièrement à la
pieuse intention du Pontife romain qui daigne
accorder cette indulgence pour le bien des fidèles,
et, appuyée sur votre infinie bonté, je vous prie
et vous conjure d'établir une paix solide et une
vraie concorde entre les princes chrétiens, afin que
les souverains et les sujets vous servent avec
pureté de cœur, amour réciproque et uniformité

de saintes affections. Remplissez aussi notre très saint Père le Pape de votre esprit, défendez-le de toute sorte d'embûches et conservez-le. Daignez, mon aimable Sauveur, par l'intercession de la très sainte Vierge, des Anges et des Saints, rendre les pauvres âmes du Purgatoire participantes du trésor dont vous avez enrichi votre Eglise, en versant pour elle votre Sang précieux ; et daignez, Seigneur, accorder en ce jour à l'âme dont la délivrance peut vous procurer le plus de gloire, ou à toute autre, suivant votre bon plaisir, le fruit de cette sainte indulgence ! Faites, ô mon Dieu, que les peines dues à ses péchés, et qu'elle devrait souffrir en l'autre vie, lui soient remises en vue de votre infinie miséricorde !

« Dès ce moment, je forme la sincère résolution de mener, par votre secours, une vie pénitente et mortifiée ; je veux aussi satisfaire à votre justice, autant que je le pourrai, fuir le péché avec horreur, et le détester par-dessus tout comme le plus grand des maux, parce qu'il offense un Dieu infiniment aimable, que j'aime et que je désire aimer toujours par-dessus toute chose. Amen. »

Obligée, lorsqu'elle se levait pour achever son

action de grâces, de se couvrir les épaules contre le froid, la pieuse Tertiaire conçut le désir de prendre alors la chape dominicaine au lieu d'un vêtement tout profane. Elle en formula très humblement la demande, ajoutant : « Si le R. P. Prieur daigne m'accorder cette faveur, je lui en aurai grande reconnaissance ; mais s'il ne le juge pas à propos, je suis prête à accepter sa décision. »

La réponse fut une large permission de porter, dans la circonstance indiquée, non seulement la chape, mais le vêtement complet.

A quelques jours de là, Mlle Bessard écrit pour marquer sa gratitude, et elle poursuit en ces termes :

« Samedi, pour la seconde fois, j'ai usé en partie de l'autorisation que tu m'as transmise, mon cher neveu, c'est-à-dire qu'en laissant mon lit à la fin de mon action de grâces, je me suis revêtue de mon manteau dominicain pour prier à genoux pour les pauvres âmes du Purgatoire, près de la table où le Saint-Sacrement avait été déposé peu auparavant : cela m'a bien fait plaisir. J'avais pris aussi mon grand scapulaire ; mais, ayant eu quelque peine à le passer, j'ai cru qu'il valait mieux m'en tenir désormais au petit que je porte

habituellement, et me contenter du manteau bénit'
dans ces courts instants qui suivent la visite du
divin Sauveur.

« Quant à l'habit entier, je verrais de véritables
difficultés à m'en revêtir, même les jours de ma
communion. Peut-être se trouvera-t-il avant ma
mort quelques circonstances où je pourrai m'en
servir momentanément : ce qui me serait bien
doux. D'ordinaire nous obtenions toutes la permission de le prendre pour les réceptions...
Quand cela se présentera-t-il ?... »

Autres consolations s'ajoutant pour la pieuse
infirme à la visite eucharistique de son Dieu.

« Hier vendredi, *après mes jeûnes de la Semaine
sainte*, — comprenons « après la privation de la
sainte Communion », — j'ai reçu la visite du
divin Consolateur. Comme le prêtre sortait de
chez la pauvre R..., c'est par le jardin que notre
doux Sauveur est venu jusqu'à moi, et toute ma
maison a été, pour la première fois, honorée de
sa présence !... Aidez-moi à l'en remercier ! On m'a
dit que mon jardin était paré de ses premières
fleurs printanières, ce qui m'a bien fait plaisir (1). »

(1) Au P. Ch.-Anatole, 31 mars 1883.

Parfois, en été, arrivaient inopinément de leur maison de campagne quelques neveux ou nièces, pour prendre part à la cérémonie.

« Le jour où l'Eglise célèbre la fête du Très Saint Sacrement, notre très doux Sauveur est venu me visiter dans ma pauvre demeure, et sans que j'attendisse ma famille, elle s'est trouvée près de moi dans ce précieux moment. Nous avons pu recevoir ensemble la divine bénédiction, et un peu plus tard prier pour tous nos chers absents ! Le petit Charles — petit-neveu de dix mois — était de la partie. Ses parents me l'ont amené à diverses reprises pendant leur séjour à Saint-Père-en-Retz, et notamment deux fois pour assister avec eux à la visite du divin Sauveur. »

Mlle Bessard passait ainsi dans l'action de grâces toute la matinée de ses jours de communion. Vers midi seulement, elle consentait à rompre son jeûne, plutôt par condescendance que par nécessité : son cœur était si plein de Dieu, qu'après la réception de l'aliment céleste, toute autre nourriture lui devenait à dégoût. Le reste de la journée, Victorine demeurait encore sous l'impression très vive du bienfait reçu ; ou plutôt, la reconnaissance envers le Seigneur débordait chaque jour de son âme, à la pensée de la communion précédente ou de celle à venir. Ici encore l'on pourrait apporter force témoignages. Bornons-nous à dire que fréquemment dans ses lettres, en parlant des « visites du bon Maître », elle invite ses correspondants à s'unir aux effusions de sa gratitude en répétant avec elle : *Sit Nomen Domini benedictum !* ou simplement : *Deo gratias !*

CHAPITRE XI

JOIES CÉLESTES AU MILIEU DE L'ÉPREUVE

Cérémonies accomplies chez Mlle Bessard. — La sainte
Messe célébrée dans sa demeure. — Mission donnée
à la paroisse par les Dominicains.

NDÉPENDAMMENT des petites solennités de ses
communions hebdomadaires, Mlle Bessard voyait de temps à autre s'accomplir, « dans
sa pauvre et triste chambre de malade », diverses
cérémonies qui la remplissaient de joie. Telles
étaient, par exemple, des admissions à la *Confrérie de la Milice angélique*, ou du *Cordon de
saint Thomas*. Sa dévotion pour le grand docteur
l'avait rendue non seulement associée, mais encore
zélatrice de la Confrérie instituée jadis en mémoire de la ceinture miraculeuse que Thomas
d'Aquin reçut des Anges, comme gage d'une
perpétuelle virginité. Trente, quarante personnes
peut-être, à Paimbœuf, doivent à la servante de
Dieu de porter le cordon de saint Thomas.

Un jour, ce sont les membres d'une famille entière qui « donnent leurs noms pour la Milice angélique ».

Un autre jour, deux jeunes personnes, dont l'une Tertiaire de Saint-François, reçoivent le cordon des mains de M. le Curé, dûment autorisé pour le leur donner. « La bénédiction a lieu près de Victorine Bessard, avec une solennité relative, et ce moment lui est bien doux (1). »

Un mois après, « sept Franciscaines », du Tiers-Ordre, « venaient pareillement chez elle prendre le cordon de saint Thomas, bénit par M. le Curé ; cérémonie qui se passa d'une façon bien édifiante, et avec une véritable joie (2). »

Chaque année, la procession de la Fête-Dieu apportait aux habitudes de la pieuse infirme une dérogation que l'amour de Jésus-Hostie peut seul expliquer. Après une première bénédiction reçue d'un balcon de sa chambre, Victorine, s'appuyant sur le bras de sa servante, franchissait les 90 ou 100 mètres de cour et de jardin qui la séparaient d'une autre rue par laquelle devait revenir le saint

(1) Au P. Ch.-Anatole, 15 février 1887.
(2) Au même, 21 mars 1887.

cortège. Une de ses lettres nous donne, avec un accent d'originalité qui n'est pas sans charme, l'expression des sentiments dont son âme se remplissait alors.

« Je tiens à te dire, mon cher neveu, que les processions de ton pays natal ont été bien suivies et tout à fait édifiantes, et les reposoirs d'un très bon goût dans leur simplicité. Mais, te l'avouerai-je ? ta pauvre tante n'a pu offrir au bon Dieu que des vieilleries !... sauf à l'extrémité du jardin, où l'on avait posé, au-dessus du portail, le bel *Agnus Dei* que le bon M. Guillet avait eu autrefois l'attention de m'apporter de Rome, et que tu m'avais fait encadrer. Il était entouré de modestes fleurs. Mais la pauvre Anna R..., qui continue auprès de son frère à D... sa vie de dévouement, m'avait envoyé pour cette époque trois roses rouges d'une beauté remarquable, qui ont relevé dans ce lieu ma pauvreté ; cette preuve d'affection m'a été au cœur. Puis, sous le portail, ma domestique avait placé au milieu de pâquerettes et de verdure la statue de la Vierge, au regard si doux, près de laquelle ta vénérable mère avait si souvent prié, entourée de ses enfants ! A côté de cette statue se trouvait, en ce jour, ta pauvre vieille tante, recevant pour vous tous, par les mains de notre nouveau Curé, la céleste bénédiction du divin et si aimable Consolateur !!!...

« Le dimanche suivant, j'étais encore plus pauvre qu'à l'ordinaire, car je n'avais pu renouveler mes médaillons, bleu et or autrefois ! ni faire de nouvelles fleurs !... et je m'y résignai. Mais, devant ma maison le bon Dieu recevait l'hommage d'un bien joli petit reposoir, préparé et placé là par la bonté de Mme B..., qui, chaque année, me procure cette consolation. Sur le balcon où je me trouvais avait été appliqué le médaillon portant les belles paroles *O salutaris Hostia !* et ce fut le chant que j'entendis, au moment où notre très doux Sauveur fut déposé sur ce petit autel, d'où nous devaient venir les célestes bénédictions !

« Je n'ajoute rien de plus : j'espère, cher neveu, que nos prières se seront réunies dans le Cœur de notre doux Sauveur Jésus !!! (1). »

Les quatre dernières années de sa vie, outre la faveur déjà si grande de la communion hebdomadaire, Mlle Bessard reçut, par intervalles, une grâce plus précieuse en un sens.

(1) 11 juin 1888.

Son neveu, le religieux, comprenant la souffrance de la pieuse malade de ne plus assister au divin Sacrifice, lui avait proposé souvent d'adresser à Mgr Lecoq, évêque de Nantes, une supplique à l'effet d'obtenir la célébration de la sainte Messe dans sa maison ; Victorine s'y était refusée par un pur sentiment d'humilité.

Rappelé fortuitement dans le pays, le Père prit cette fois sur lui, en passant à Nantes, de voir Monseigneur, et de lui présenter la requête. Sa Grandeur, à qui le nom de Mlle Bessard n'était pas inconnu, se montra très favorable, et, prenant la plume, traça incontinent les lignes suivantes :

« J'autorise bien volontiers le Père Charles-Anatole Joyau à célébrer la sainte Messe dans l'oratoire privé dont il m'a parlé.

« Ce sera une grande et douce satisfaction donnée à la piété de sa bonne et vénérable tante, privée depuis de longues années du bonheur de pouvoir assister au très saint Sacrifice.

« Nantes, ce 25 août 1887.

† JULES, év. de Nantes. »

La décision épiscopale était facile d'exécution. Un appartement contigu à la chambre de la malade, sans destination habituelle depuis la mort de Mme Bessard, se présentait comme oratoire naturellement indiqué. En avant de la cheminée, on dressa un autel. Une haute croix d'ébène avec christ en bronze doré fut appliquée contre la muraille, au-dessus d'un tabernacle simulé. A droite et à gauche de l'autel, deux crédences, ornées avec goût, portaient les statues de la sainte Vierge et de saint Dominique.

La cérémonie fut, à certains égards, particulièrement dominicaine ; aussi la pieuse Prieure eut-elle soin d'en consigner le souvenir au registre du Tiers-Ordre. Son récit, on le remarquera, est moins un compte rendu que l'épanchement d'une âme enivrée de reconnaissance et d'amour.

28 AOUT 1887

Douce fête de famille,

Avant-goût du ciel.

« C'est par l'intermédiaire du R. P. Charles-Anatole, des Frères-Prêcheurs, et l'autorisation de

Monseigneur l'Evêque de Nantes que fut accordée à la Prieure infirme de notre Tiers-Ordre
l'insigne faveur d'assister, dans sa propre demeure, au très saint sacrifice de la Messe, dont
elle était privée depuis bien longtemps. Cette
autorisation, à laquelle s'adjoignit l'intervention
de notre vénéré Curé, suivant les désirs de Sa
Grandeur, mit le comble à sa joie, et toute sa
famille également la reçut avec actions de grâces.
Les ressources de la paroisse venant en aide à son
dénûment, tout son pieux entourage se mit à
l'œuvre pour préparer et orner du mieux possible
la pauvre chambre destinée au divin Sacrifice...

« Déjà c'était un bonheur que cette occupation
ayant pour but d'honorer le très miséricordieux
et très doux Sauveur, dont nous attendions la
venue !... Mais qu'était-ce en comparaison de cet
avant-goût du ciel qui nous était préparé pour
le lendemain ?

« Au R. P. Charles-Anatole avait été réservé
l'honneur d'offrir en ce lieu le très saint Sacrifice ;
ce fut après une longue veille dans la prière qu'il
se présenta pour monter à l'autel. Il était précédé
de son frère et d'un petit neveu de six ans, appelés
l'un et l'autre à lui servir la messe. Sa famille

entourait l'autel, avec quelques Tertiaires dominicaines, les servantes de la maison et trois personnes amies.

« Alors commença le divin Sacrifice. Après
l'évangile, le célébrant, se tournant de notre côté,
nous adressa une allocution qui pénétra toutes
les âmes, et les disposa pour l'heureux instant où
notre doux Sauveur allait descendre sur l'autel,
afin de s'y offrir en holocauste, puis de s'unir à
nous par le Sacrement de son amour !!! *Ecce
Agnus Dei!!! Ecce Panis Angelorum !!! Venite,
adoremus !!!...*

.   .   .   .

« Bientôt arriva le moment de la divine Communion !!!... Que dire de ce moment solennel
qui devait couronner une si chère espérance ?...
Comment reconnaître un pareil bienfait, en présence duquel nous ne pouvions que *nous humilier
profondément dans notre allégresse !!!...*

« Mais, ô céleste cortège de l'Agneau sans tache !
Vierge sainte, sa Mère immaculée !... Et vous,
saints Anges, vous mêlant en cet instant à nos
petits anges de la terre, — trois petits-neveux de
six, quatre et deux ans, — avec nos saints protecteurs du ciel, n'étions-nous pas alors sous vos

auspices ?... et vos mérites, suppléant à notre pauvre reconnaissance, ne furent-ils pas la consolation et le doux espoir de nos cœurs ? *Laus Deo !!!*

« Puis la bénédiction du prêtre et les prières prescrites par le Souverain Pontife vinrent clore cette touchante cérémonie.

« Le lendemain, 29 août, nous était réservée la même faveur que la veille... Peu après la messe, arrivèrent les prêtres de la paroisse, qui venaient s'associer à notre bonheur ; alors le Révérend Père adressa quelques bonnes paroles à sa pieuse assistance.

« La solennité de la fête de saint Louis, patron de la paroisse, avait eu lieu la veille, dimanche 28 août, premier jour de notre fête de famille, et le 29, l'Eglise célébrait la Décollation de saint Jean-Baptiste... C'était aussi la date anniversaire du martyre de notre compatriote, le vénéré M. Mabileau, qui avait été l'ami du P. Charles-Anatole, auquel ces heureuses coïncidences ne pouvaient échapper (1)...

(1) M. François Mabileau, natif de Paimbœuf, membre de la Société des Missions étrangères de Paris et Pro-

« Après avoir élevé vers le ciel une pensée de reconnaissance, notre Révérend Père nous résuma les mérites de ce groupe de Saints dont nous célébrions la mémoire, pour nous animer à marcher sur leurs traces dans les voies de la perfection....

« Un mot spécial d'encouragement était destiné au Tiers-Ordre de Paimbœuf.

« Le mardi, 3o août, tombait la fête de notre si douce et si vénérée Patronne, sainte Rose de Lima, cette belle fleur du Nouveau-Monde, nommée dès son enfance par la sainte Vierge elle-même *Rose de Sainte-Marie.*

« Aussi avec quelle effusion le Révérend Père présenta-t-il à nos réflexions un si bel exemple, afin de nous exciter à l'accomplissement de tous nos devoirs !... *Benedicamus Domino !...*

« Le moment de la séparation venu, le P. Charles-Anatole bénit des roses, en l'honneur de notre douce Patronne, et nous les offrit, après avoir réservé la plus belle pour M. le Curé, notre délégué dans le Tiers-Ordre, ce qui fit plaisir à tous. »

vicaire au Su-Tchuen oriental, fut massacré en haine de la foi le 29 août 1865, dans la ville de Yeou-Yang-Tcheou (Chine). — Voir *Vie de M. François Mabileau,* par l'abbé P. Gaborit, 1867, librairie E. Fetu, Paimbœuf.

Tribut de reconnaissance offert au bon Dieu par l'intermédiaire de la sainte Vierge :

« Mon Dieu, je vous offre par les mains de Marie le Cœur de votre Fils bien-aimé, afin qu'il nous serve d'action de grâces pour tous les bienfaits dont vous nous avez comblés !!! Ainsi soit-il. »

La citation a pu paraître longue ; elle a servi du moins à nous découvrir toute l'âme de Mlle Bessard.

Sa gratitude ne se borna pas à rendre au Seigneur « gloire, amour, profonde reconnaissance » ; elle se traduisit encore par des « prières pour tous ceux qui, dans leur charité, avaient contribué à son bonheur, de loin ou de près ».

Cette phrase désignait spécialement les supérieurs qui avaient autorisé le voyage du religieux « à l'intervention duquel Victorine se déclarait redevable de l'immense bienfait qu'elle n'aurait jamais dû espérer, ni osé demander au bon Dieu !... (1) »

Mlle Bessard écrivit ensuite, de sa propre main, à Monseigneur l'Evêque, pour lui faire agréer

____

(1) Lettre au P. Ch.-Anatole, 16 octobre 1887.

ses respectueux remerciements. Un peu plus tard, Sa Grandeur daigna étendre les limites de la concession première, en vertu d'une lettre adressée à M. le Curé de Paimbœuf, et déposée dans les Archives paroissiales.

Dès lors, l'appartement où, de loin en loin, s'immolait l'auguste Victime, devint un sanctuaire particulièrement vénéré de la pieuse malade ; et, par son ordre, l'autel y fut érigé à demeure, avec tour d'autel, couverture et autres ornementations du meilleur goût.

« Chaque soir, écrit-elle, je fais un petit pèlerinage dans la chambre où le bon Dieu a daigné descendre à ta voix, mon cher neveu, et ces jours-ci, je me reporte par la pensée à cet heureux moment, — la célébration de la première messe, — qui fut l'un des plus grands de ma vie. Implore pour moi la grâce de correspondre, dans ma reconnaissance, à tous les desseins du bon Dieu sur moi, avec plus de ferveur et de stabilité que jamais (1). »

Le mois de décembre 1889 fut pour la fille de saint Dominique une époque de grandes

(1) 24 août 1888.

jouissances spirituelles. Trois Frères-Prêcheurs, appelés par M. le Curé de Paimbœuf, vinrent donner une mission à la paroisse, et raviver les souvenirs déjà lointains de 1866. Il en résulta des fruits consolants : on remarqua des retours sérieux aux pratiques religieuses, et le Rosaire puisa une sève nouvelle.

Les Sœurs du Tiers-Ordre ne pouvaient être oubliées. Le R. P. M.-Bernard Ducoudray, supérieur de la mission, les réunit au lieu habituel de leurs assemblées, et, par sa parole chaleureuse, réchauffa leur piété. Quant à la Prieure, elle reçut à diverses reprises la visite des religieux, épancha dans leurs cœurs les secrets de son âme, et goûta plusieurs fois la joie céleste d'entendre la sainte Messe dans sa maison.

La mission se clôtura le jour de Noël par une Plantation de Croix dans le *Haut-Paimbœuf*, quartier principal des marins. La croix fut portée triomphalement sur les épaules de ces hommes robustes, dressée en vingt minutes par d'adroits et vigoureux charpentiers, puis bénite solennellement par M. le Curé, après une éloquente allocution du R. P. Ducoudray.

Victorine, toujours si sensible aux émotions

religieuses de sa ville natale, assista d'un balcon au passage du cortège, et se réjouit dans son cœur de la foi de ses compatriotes, entourant le signe rédempteur, et l'acclamant par des chants d'allégresse composés pour la circonstance.

PHYSIONOMIE DU HAUT-PAIMBŒUF ET CROIX DE LA MISSION.

Du reste, il plut à Dieu, l'année suivante, de récompenser par un fait extraordinaire la foi des braves marins. Nous en parlons en détail, parce que c'est Mlle Bessard qui va le raconter.

« Nos pauvres pêcheurs, si nombreux dans le Haut-Paimbœuf, étaient sans ressources, par suite d'une année mauvaise qui les avait réduits à une misère extrême. Dans cette conjoncture, ils voulurent, malgré le mauvais temps, jeter leurs filets, non loin de leurs demeures, ce qui est à peu de distance du Calvaire. Ils s'y décidèrent donc. Mais voici qu'on tira les filets surchargés de magnifiques saumons, et en grand nombre. Ils en furent stupéfaits de joie, et les meilleurs chrétiens d'entre eux l'attribuèrent à la proximité de la Croix, où on avait tant prié pour eux, et où ils étaient allés eux-mêmes le faire. Mais bientôt ils se crurent tout particulièrement redevables de ce bienfait aux bonnes prières des Pères Dominicains, qui avaient appelé sur eux, en cet endroit, les bénédictions du bon Dieu... Puis, ces braves gens, qui ont des familles nombreuses, allèrent promptement payer leurs dettes, au moment où ils craignaient que le pain ne leur fût refusé, et ils le firent en rendant grâces à Dieu... Je tiens spécialement ces détails de Mme P..., qui avait secouru l'une de ces familles, et qui m'a priée de les faire savoir aux bons Pères que nous avons eus ici (1). »

(1) Lettre du 14 janvier 1891.

Deux mois après, Victorine écrivait encore:
« Demain aura lieu une procession de reconnaissance au Calvaire du Haut-Paimbœuf. M. le Curé aurait été bien heureux d'y voir figurer les Révérends Pères qui nous ont laissé, particulièrement à ce sujet, de si bons souvenirs ! »

CHAPITRE XII

Dispositions intérieures de Mlle Bessard en vue d'une fin prochaine. — Dernière maladie et mort. — Portrait de Victorine Bessard.

NONOBSTANT les alternatives de crises et d'accalmies, Mlle Bessard poursuivait le cours de sa vie languissante, et faisait chaque jour de son corps « une hostie vivante, sainte, agréable à Dieu », comme l'Apôtre y exhortait les premiers chrétiens (1).

A mesure qu'elle s'acheminait vers le terme de l'existence terrestre, trois sentiments dominaient dans son âme : la reconnaissance pour les bienfaits de Dieu, l'impression du compte qu'il lui en faudrait rendre, un abandon total à la Providence, pour la vie ou pour la mort, selon qu'il plairait au Seigneur.

Sa correspondance épistolaire, celle des deux

(1) Rom. XII, 1.

dernières années surtout, offre la trace ininter-
rompue, pour ainsi dire, de ces dispositions.

17 février 1890. — « Prie pour moi, cher
neveu, afin que je puisse finir saintement ma vie ;
j'aurai un si grand compte à rendre au bon Dieu,
après tant de grâces reçues !.. »

25 septembre 1890. — « Mon existence se
prolonge plus qu'on ne pouvait s'y attendre.
Daigne, mon cher Père, demander au bon Dieu
que je reçoive tout de sa main miséricordieuse,
afin que je puisse correspondre à ses desseins sur
mon âme… »

14 janvier 1891. — « En te quittant, bien cher
neveu, laisse-moi te prier de me recommander
au Cœur si compatissant de notre doux Sauveur ;
car j'ai bien besoin de son assistance pour supporter courageusement les dernières épreuves de
la vie, étant si loin d'être ce que le bon Dieu devait attendre de moi, après tant de bienfaits de sa
part !… Je veux espérer en sa miséricordieuse
Bonté, que je te prie d'implorer avec moi !…
Mais, pour cela, ne me crois pas mourante : je

suis, au contraire, en pleine convalescence : nouvelle grâce pour me préparer à bien mourir... »

5 août 1891. — Hier, fête si chère de notre bienheureux Père saint Dominique, j'ai été privée de la sainte Communion, à mon grand regret ! Mais je savais qu'en ce moment tu priais pour moi, mon cher neveu, et dès le matin, j'avais uni mes prières aux tiennes sous le regard de notre saint fondateur... Quant à mes Sœurs, elles se sont réunies pour la sainte Communion, et le retour de M. le Curé leur a procuré l'assistance à la Messe, sur laquelle elles ne comptaient pas, et que, dans ma solitude, j'ai suivie, sans savoir qu'elle était ditepour nous toutes en ce moment. Bénissons-en le Seigneur...

« Je te laisse, mon cher neveu, dans le Cœur du bon Maître. Oh ! prie-le bien de me faire la grâce de correspondre à son amour jusqu'à la mort, et crois-moi toujours, en J. M. J. notre chère espérance,

« Ta toute dévouée tante et affectionnée sœur en saint Dominique,

« VICTORINE DE JÉSUS, T. D. »

La notice composée par les Tertiaires de Paimbœuf, et à laquelle nous avons déjà fait un emprunt, éclaire d'un jour plus vif la lettre qui précède. Nous y lisons :

« Le 4 août 1891, fête de saint Dominique, les Sœurs, après avoir, le matin, fait la sainte Communion, se réunirent chez leur Prieure l'après-midi, pour célébrer la fête de leur bienheureux Père et renouveler toutes ensemble leur profession. Une des Sœurs, la voyant triste, lui dit : « Vous êtes souffrante !... vous n'avez pu com- « munier aujourd'hui !... — Oh ! quelle épreuve ! « s'écria-t-elle par trois fois ; mais c'était la « volonté du bon Dieu !... » Elle ne soupçonnait pas la surprise que lui réservait notre digne pasteur. Arrivé de voyage, il vint la confesser le soir même, et deux jours après, la 6 août, fête de la Transfiguration, il lui fit célébrer le 71e anniversaire de sa Première Communion, lui adressant en même temps des paroles particulièrement touchantes... »

Sur ces entrefaites, on devait bénir un Calvaire monumental, à l'emplacement d'une Croix

renversée par la tempête, l'année précédente. Cette
cérémonie revêtait pour Paimbœuf un caractère
de fête en quelque sorte patriotique; car l'ancienne croix, restaurée plusieurs fois déjà, avait
son histoire et ses souvenirs. Dressée vis-à-vis de
l'entrée de la rade, à l'extrémité d'un quai planté
d'ormeaux, elle était le premier objet qui, de ce
côté, frappât le regard du matelot arrivant d'une
navigation lointaine. Devant la statue de Notre-
Dame des Sept-Douleurs, renfermée dans le pié-
destal du monument, les femmes des marins
faisaient brûler des cierges au départ de leurs
maris; et dans les jours anciens de la prospérité
du pays, jamais trois-mâts du port ne longeait le
« Calvaire du Bas-Paimbœuf » sans le saluer de
quelques coups de canon.

Avec le concours de la municipalité, et aux
frais de la population tout entière, M. le Curé
était parvenu à rétablir le Calvaire d'après un
plan plus gracieux et dans des conditions spéciales de solidité. La bénédiction se fit le dimanche 27 septembre, au milieu d'une affluence
considérable.

Cette fois encore, de son balcon, Mlle Bessard
put apercevoir, à 100 mètres environ, la procession

débouchant de la rue de l'Eglise pour prendre
le quai ; et, de loin, elle s'unit mentalement à la

NOUVEAU CALVAIRE DU BAS-PAIMBŒUF

cérémonie qui s'accomplissait au Bas-Paimbœuf.
L'orateur de la Plantation de Croix était le
T. R. P. Henri Desqueyrous, Prieur des Domi-

nicains de Poitiers. Venu quelques jours auparavant pour prêcher un *triduum* préparatoire, il
devait encore, la semaine suivante, donner aux
Enfants de Marie les exercices de la retraite.

Admirable disposition de la Providence, qui
ménageait la présence de ce religieux pour procurer à une fille de saint Dominique les plus
douces consolations !

Au dire de ses plus intimes confidentes, Victorine Bessard demandait trois choses à Dieu
pour l'instant suprême de sa vie : d'être assistée
par un prêtre de son Ordre, d'entendre une dernière fois la Messe dans son oratoire domestique ;
d'avoir, à ses funérailles, le saint Sacrifice offert
en présence de son corps. Ces trois faveurs lui
furent accordées.

Mlle Bessard souffrait d'un catarrhe depuis quelques jours ; le mal s'aggrava tout à coup, l'oppression devint intense, et, le mardi 29 septembre,
une congestion pulmonaire se déclara. On avertit
aussitôt la famille, dont plusieurs membres étaient
venus, le dimanche précédent, assister à la fête,
et s'en étaient retournés, le soir même, à Saint-
Père-en-Retz, leur résidence d'été.

Quant à Victorine, ne prenant presque plus de nourriture, elle demeurait calme, silencieuse, levant fréquemment les yeux au ciel, comme pour implorer l'assistance divine. M. le Curé, son confesseur ordinaire, se trouvait lui-même retenu au lit par une sérieuse indisposition. Ce fut alors le R. P. Henri qui entendit la confession de la malade, et lui administra les derniers Sacrements.

La déclaration d'un témoin, acteur lui-même dans une circonstance si solennelle, l'emporte sur tout autre récit. Cherchons donc les détails de la touchante cérémonie dans une lettre du Prieur de Poitiers à son religieux, le P. Ch.-Anatole.

« Comme je vous l'ai écrit, je devais célébrer la sainte Messe, ce matin, chez votre bonne tante. Votre frère, sa femme et votre nièce, Mlle L., étaient arrivés hier ; les autres membres de la famille devaient venir ce matin seulement.

« Avant six heures, la pauvre tante fut prise d'une longue défaillance ; le médecin, appelé sans retard, constata une pneumonie catarrhale, et ne cacha pas ses appréhensions, vu l'âge avancé et la faiblesse **extrême** de la vénérable malade. On vint me prévenir à l'Asile, après l'instruction de la retraite, qu'au regard des Sacrements, le docteur avait dit : « Ce ne serait que prudent de les lui « donner aujourd'hui ». Il n'y avait pas à hésiter, presque rien à changer à nos préparatifs. Toute la famille était réunie, ainsi que les Tertiaires. J'ai dit la sainte Messe, donné le saint Viatique et l'Extrême-Onction à votre place, mon cher Père, presque avec votre cœur, tant je me sentais *frère* dans cette douloureuse réunion de famille.

« Faut-il vous dire avec quelle piété édifiante votre *Sainte* a reçu les Sacrements ?... J'aime mieux vous signaler comme une grâce précieuse le *calme* absolu dont jouit son âme délicate à l'excès, et la confiance en Dieu dans laquelle elle se maintient... »

Le très révérend Père avait la bonté d'ajouter : « Cher Père, si je vous envoie un télégramme, n'hésitez pas à partir immédiatement ; cette tante est une *mère* pour vous tous, il faut agir pour elle comme pour une mère... »

Une dépêche, en effet, suivit de près l'arrivée de la lettre. Le P. Ch.-Anatole se mit en route, et, le vendredi 2 octobre, il se trouvait au chevet de sa tante. Elle témoigna une douce joie de le voir, et s'entretint pieusement avec lui. Un prêtre, ami intime de la famille, venu tout exprès à Paimbœuf, eut également avec la sainte mourante une très édifiante conversation. C'était prévenir ses vœux que de lui parler du ciel sur le point de s'ouvrir pour elle, du bonheur qu'elle aurait à rencontrer au seuil de l'éternité ce bon Jésus qu'elle avait tant aimé, la douce Vierge Marie, saint Dominique, sainte Catherine de Sienne, tant d'autres Saints et Saintes ses protecteurs célestes, enfin des âmes de parents et d'amis, toutes prêtes à l'accueillir dans la patrie bienheureuse...

La veille et l'avant-veille, on avait entendu la pieuse malade réclamer à toute heure la présence du religieux devenu le directeur de son âme. « Où donc est le Père ? » disait-elle; « qu'il vienne me parler du bon Dieu, ses paroles me font tant de bien ! » Fréquemment aussi, elle avait sur les lèvres plusieurs de ses aspirations favorites : *Sit Nomen Domini benedictum!* » — « Jésus, Marie, Joseph, je vous donne mon cœur, mon esprit et ma vie, etc. » Tour à tour elle tenait en mains son

rosaire, son crucifix indulgencié, une relique de
la vraie Croix, diverses médailles ; parfois elle
prenait de l'eau bénite et en marquait son front.

Quelques fermiers, arrivés par hasard, reçurent
de sa bouche de bonnes paroles et lui serrèrent la
main. Plusieurs de ses meilleures amies vinrent
également lui donner un témoignage suprême
d'affection.

Les Sœurs du Tiers-Ordre n'avaient pas été
des dernières à s'approcher de leur Mère mourante ; elles la prièrent instamment de ne pas les
oublier devant Dieu. Victorine répondit en sou-
haitant à la Fraternité toute sorte d'avantages
spirituels, et en donnant à chacune de ses Sœurs
rendez-vous au ciel.

Par une délicate attention de la Providence,
cette tante si affectueuse et si dévouée vit son lit
de mort entouré de tous ses neveux et petits-
neveux, moins une nièce, retenue à Nantes par
le devoir de la piété filiale. Pour chacun elle avait
un regard, un sourire, une parole ; souvent elle
répétait : « Que la volonté du bon Dieu soit
faite ! n'est-ce pas, mes chers amis ? » et encore :
« Allons ! faisons tout pour la gloire de Dieu,
afin de nous retrouver auprès de Lui !... » Elle les

bénit à diverses reprises, et étendit cette bénédiction aux deux seuls membres absents de sa famille.

Vers dix heures du soir commença l'agonie.
Elle fut pénible, et servit sans doute, dans les
desseins de Dieu, à achever la purification de
cette sainte âme. La famille agenouillée récita les
Prières des agonisants, auxquelles on fit succéder
les Litanies de la sainte Vierge, le Rosaire entier,
le *Salve Regina*, antienne qui, dans les couvents
dominicains, se chante à mi-voix au chevet des
mourants. Près du lit brûlait le cierge du Rosaire. La chère agonisante, munie déjà de l'indulgence de la bonne mort et de plusieurs autres,
portait un grand rosaire autour du cou et s'u-
nissait à toutes les prières. Quoique privée de
parole et suffoquée par une oppression croissante,
elle n'avait rien perdu de sa connaissance : on le
voyait au mouvement de ses lèvres et à des signes
de croix réitérés. Les forces s'épuisant peu à peu,
son bras ne se souleva plus qu'à moitié pour tracer encore le signe de la rédemption, et finit par
rester immobile. Vers cinq heures et demie, sous
le bienfait d'une dernière absolution, Mlle Bessard s'endormit doucement dans le Seigneur.

. . . .

Le jour semblait être choisi tout exprès par la Vierge Marie pour une fille de sa prédilection : on se trouvait à la veille de la solennité du Rosaire, fête dans laquelle, depuis les premières Vêpres jusqu'au soir du dimanche, tous les fidèles peuvent gagner l'indulgence plénière, applicable aux défunts, autant de fois qu'ils visitent la chapelle de la Confrérie.

En outre, c'était à l'aube du jour que la sainte Tertiaire avait quitté ce monde : elle put donc avoir pour le repos de son âme plusieurs des messes célébrées dans la paroisse, ainsi que les communions de ses amies.

Aussitôt on la revêtit des habits du Tiers-Ordre, selon sa volonté précédemment exprimée, et on l'exposa sur sa couche mortuaire. Ainsi étendue, les mains jointes, enlacées du rosaire, et tenant, avec le crucifix, la formule de sa profession, Victorine Bessard offrait un aspect doux et imposant. Une sorte de reflet céleste éclairait son visage, et faisait penser que son âme contemplait déjà la Beauté infinie. Durant les quarante-huit heures qu'on eut la consolation de posséder encore la vénérée défunte, sa dépouille mortelle ne présenta ni trace, ni odeur de décomposition. On y

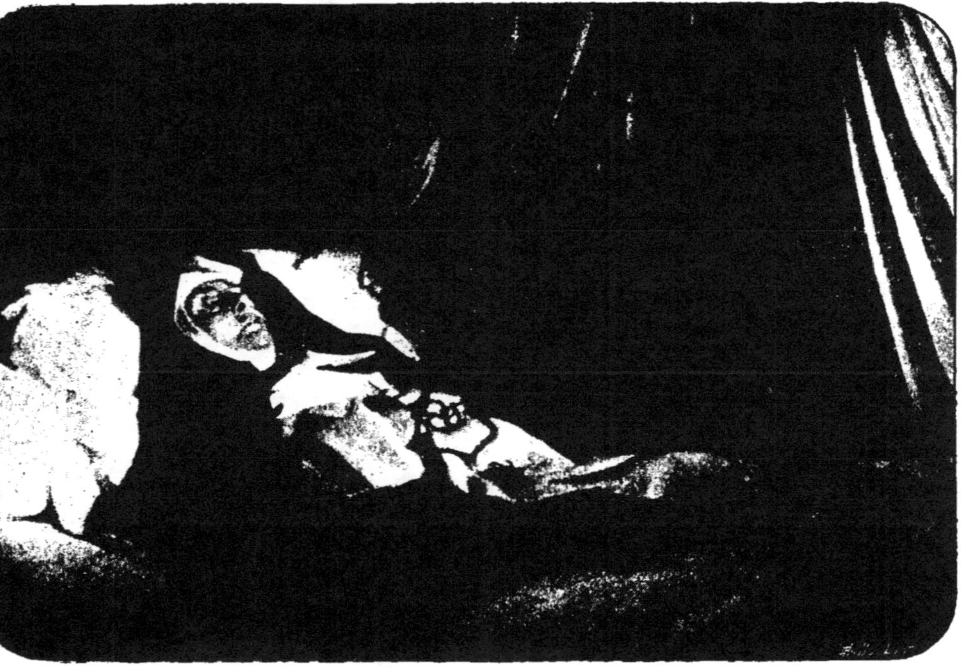

MADEMOISELLE BESSARD SUR SON LIT DE MORT

constata même une souplesse habituellement étrangère aux cadavres.

Bien que prévue, la triste nouvelle produisit dans la ville une sensation profonde. Depuis seize ans, il est vrai, Mlle Bessard avait cessé de paraître en public ; cependant, à raison de sa longue carrière, grand nombre d'habitants la connaissaient, et tous la vénéraient. On s'était dit tant de fois sa piété, sa patience, sa charité ! Aussi se fit-il, pendant deux jours, un réel concours auprès du lit funèbre. On y amenait des enfants. Beaucoup de personnes baisaient son scapulaire, faisaient toucher à ses mains des chapelets et des médailles ; quelques-unes coupèrent en secret des fragments de sa tunique dominicaine, afin de les porter toujours comme un gage de protection surnaturelle ; tous, en se retirant, témoignaient hautement de l'opinion de sainteté qu'avait inspirée sa vertu.

Par obéissance à la règle du Tiers-Ordre, non moins que par affection pour celle qu'elles appelaient leur « chère Mère », les Sœurs de la Pénitence de Saint-Dominique vinrent, chacun des deux jours, réciter l'Office des morts, le Rosaire et d'autres prières.

Le lundi 5 octobre furent célébrées les obsèques, au milieu d'une assistance nombreuse et recueillie. Comme il se trouvait un nombre plus que suffisant de prêtres pour le service obligatoire de la paroisse, la messe de *Requiem* put être chantée. Ce fut la seule fois, d'ailleurs, que Victorine Bessard entra dans la nouvelle église, à la construction de laquelle ses libéralités avaient eu large part. Conduite ensuite à sa dernière demeure, elle fut déposée dans la tombe de son père et de sa mère, ainsi qu'elle-même l'avait marqué.

Mlle Bessard était de haute taille. Elle avait la face ovale, un peu allongée, les yeux noirs, le regard limpide et calme, les traits fins et réguliers, un son de voix des plus harmonieux. L'ensemble de sa physionomie offrait un mélange de douceur et de tristesse qui se traduirait peut-être par *souffrance résignée*. C'est l'expression du portrait placé en tête de ce volume, et pris d'après un médiocre daguerréotype, pour lequel la servante de Dieu ne se prêta qu'avec répugnance et par pure charité. Sa démarche modeste et grave imposait le respect. Malgré des souffrances de tous les jours, elle atteignit l'âge de 82 ans, sans ressentir aucune de ces infirmités trop souvent inhérentes à la vieillesse : surdité, cécité, affaiblissement des facultés mentales. Une grâce spéciale, pouvons-nous croire, soutenait cet organisme de si frêle apparence, et lui communiquait une vigueur capable de résister aux plus rudes assauts.

CHAPITRE XIII

PHYSIONOMIE MORALE DE VICTORINE BESSARD

Esprit de foi. — Dévotion à l'eau bénite. — Religieuse
vénération pour les ministres de Dieu. — Manière d'en-
visager les affections de famille, les devoirs de l'amitié,
les égards envers tous. — Libéralités et détachement de
Victorine Bessard. — Son testament intitulé « Mes derniers désirs pour la terre ». — Témoignages décernés à
son éminente vertu.

Esquissons dans un dernier tableau la
physionomie morale de Mademoiselle
Victorine Bessard.

Cette âme, on a pu s'en convaincre, était tout
imprégnée de l'esprit de foi.

Mais ne nous arrêtons pas aux pratiques habituelles à toutes les personnes de piété, comme
d'incliner la tête aux noms de Jésus et de Marie,
de réparer par une louange un blasphème entendu ; de se signer devant une Croix, au départ
pour un voyage, avant de donner une signature

importante ; de mettre des initiales pieuses en tête des lettres ou cahiers; de commencer par une majuscule les mots qui rappellent la personne ou les attributs de Dieu, etc. : nul n'y fut plus fidèle que Victorine Bessard. Attachons-nous de préférence aux traits plus caractéristiques et personnels.

Victorine avait un cabinet de toilette séparé de sa chambre par une porte vitrée, et ouvrant dans la direction de l'église. Le dimanche, quand la maladie la retenait à la maison, elle se plaçait, pendant le temps de la Grand'Messe et des Vêpres, près de la fenêtre du cabinet ; et, s'il lui fallait garder le lit, elle se faisait ouvrir à la fois la fenêtre et la porte vitrée, afin de mieux entendre la cloche de l'église, et de s'unir mentalement aux offices paroissiaux (1).

Lorsque la cloche annonçait l'Elévation ou la Bénédiction du Saint-Sacrement, elle se mettait

____

(1) Dans la sonnerie, renouvelée en 1861, la cloche principale « Marie-Caroline » eut pour marraine Mlle Bessard. Le parrain fut M. le chanoine Gariou, d'une honorable famille fixée maintenant à Paimbœuf.

Deux autres cloches de moindres dimensions furent baptisées dans la même cérémonie.

à genoux, disant de cœur, et même de bouche :
« Loué et remercié, aimé et adoré soit à tout
moment le très saint et divin Sacrement de l'autel ! Ainsi soit-il. — Bénie soit la sainte et immaculée Conception de la bienheureuse Vierge
Marie ! Ainsi soit-il. — *Requiescant in pace.
Amen.* »

Toujours aussi elle ajoutait à la récitation de
l'*Angelus* ces trois dernières aspirations.

Sa dévotion pour l'eau bénite était peu commune.

Attentive à tenir dans les chambres de ses
hôtes des bénitiers exactement remplis, Mlle Bessard avait pour son usage privé un bénitier portatif qu'elle plaçait, soit de jour, soit de nuit,
sur quelque meuble à portée de sa main. Non
seulement elle y puisait pour tracer sur elle le
signe de la croix, mais s'en servait encore maintes
fois en guise de compresses, dans des cas de
blessures ou de coups. Avec sa foi vive, elle sut
inspirer à de pieuses amies l'emploi de ce remède
tout surnaturel. Un jour qu'elle s'était fait une
contusion près de l'œil, elle recourut à ce lénitif,
avec succès, paraît-il. Une autre fois qu'elle était

en train de sortir de son lit, elle se sentit arrêtée par une contraction subite des nerfs du genou. Sa servante, seule avec elle, s'épuisait en vains efforts pour la soulever. Dans cet embarras, Victorine, gaie et souriante, s'avisa tout à coup de demander son bénitier, fit sur l'endroit douloureux force onctions d'eau bénite, et parvint à se dégager.

Sachant combien l'eau bénite ajoute à la vertu du signe de la croix pour chasser le démon, la servante de Dieu recommandait d'en asperger fréquemment le lit des mourants ; elle-même en aspergeait sa chambre, quand elle croyait avoir affaire à l'esprit infernal.

Eut-elle donc à subir d'une manière sensible les assauts du diable ? Nous n'oserions l'affirmer positivement. Toutefois, d'après les témoignages spontanés de personnes sérieuses, nous sommes en droit de conclure que Victorine Bessard eut la persuasion d'avoir été, à diverses reprises, l'objet de tracasseries ridicules, sinon méchantes, de la part de Satan.

Durant ses insomnies, il lui semblait parfois ou apercevoir des figures grimaçantes, ou entendre des coups insolites. Un soir, nous a-t-elle déclaré à nous-même, elle vit dans sa chambre une bête horrible qui la fixait d'un air menaçant. D'autres fois, étant levée, elle se sentait poussée violemment contre un meuble, ou jetée au travers d'une porte entr'ouverte, au risque de tomber dans le vide et de se blesser grièvement.

Sans doute, de tels phénomènes sont souvent des produits de l'imagination, ou le résultat de la faiblesse causée par de grandes souffrances ; mais aussi le surnaturel n'y est pas toujours étranger. Serait-il surprenant que Mlle Bessard eût été, en réalité, un point de mire pour l'esprit mauvais, quand l'histoire des Saints nous apprend avec quelle fureur le démon s'acharne contre les âmes qui, par leurs prières et leurs immolations, lui disputent des proies ardemment convoitées ? Victorine songeait nuit et jour, nous le savons, aux agonisants et aux pécheurs : pouvait-elle, à ce titre, ne pas exciter contre elle la rage de Satan ?

Non contente de produire matin et soir les actes de foi, d'espérance et de charité, la fervente chrétienne les renouvelait par intervalles sous cette forme plus simple :

« Mon Dieu, je crois en vous, mais fortifiez ma foi ;

« J'espère en vous, mais augmentez mon espérance ;

« Je vous aime, mais redoublez mon amour. »

Elle ajoutait : « Je me repens d'avoir péché, mais augmentez mon repentir. — Mon Dieu, je me donne tout à vous, comme vous vous êtes donné tout à moi, et je ne désire que votre sainte volonté. Ainsi soit-il. »

Elle affectionnait singulièrement le *Magnificat*, et le récitait toujours dans la station qu'elle faisait autrefois à *Notre-Dame du Souvenir*, en rentrant de la Messe.

Victorine aimait beaucoup encore à répéter le dernier verset du *Te Deum* : *In te, Domine, speravi, non confundar in æternum.* — « Seigneur, j'ai espéré en vous, je ne serai pas confondue. »

Autre sentence familière à la servante de Dieu et terminant presque toutes ses lettres :

« En Jésus, Marie, Joseph notre chère et douce espérance. »

Le soir, avant de s'endormir, elle avait coutume de tracer sur son front, avec le pouce, les noms de Jésus, Marie, Joseph, et elle recommandait

cette pratique à ses intimes. Quand elle s'éveillait,
la nuit, une de ses premières pensées était de réciter le *De profundis*, persuadée que ses chères
âmes du Purgatoire le lui demandaient.

Lors de la dernière maladie du Tertiaire dont
il a été question plus haut, elle avait chargé une
Sœur du Tiers-Ordre, qui logeait dans la maison
du malade, de venir l'avertir quand celui-ci tou-
cherait à l'instant suprême. De très grand matin,
cette Sœur entra dans la chambre de Victorine,
qui lui dit en la voyant : « Vous venez m'annoncer
l'agonie de notre Frère Dominique-Joseph, je m'y
attendais ; je viens de terminer le Rosaire à son
intention, et mon livre était ouvert afin de réciter
pour lui les Prières des agonisants. » Puis elle
indiqua des oraisons spéciales à dire aussitôt
après le trépas. La Tertiaire se retira, convaincue
que Mlle Bessard avait été surnaturellement ins-
truite de l'approche de ce dernier moment.

A l'esprit de foi de Victorine Bessard se ratta-
che sa religieuse vénération pour les prêtres qui,
de son vivant, gouvernèrent successivement la
paroisse : disons plus justement, pour tous les
ministres des autels.

Dieu fit à Paimbœuf la grâce de posséder, durant ce siècle, des pasteurs à l'âme vraiment sacerdotale.

M. Pronzat de Langlade, au sortir de la Révolution, sut par sa prudence rapprocher les esprits divisés, et laissa en mourant une mémoire de bénédiction. Maintenant encore, après trois quarts de siècle, sa tombe se couvre de linges, appliqués ensuite à des infirmes ou laissés en *ex-voto* ; on y conduit, même des paroisses voisines, de petits enfants tardifs à marcher, et parfois il se produit des faits qui semblent une indication providentielle de la sainteté de l'homme de Dieu. C'est lui qui baptisa Victorine Bessard, comme on l'a dit, et lui fit faire sa Première Communion.

Il eut pour successeur M. Aupiais, autre saint prêtre, qui demeura quarante ans dans la paroisse, comme vicaire ou curé. Il dirigea Victorine tout le temps de sa jeunesse, lui adressant, quand elle se trouvait hors de Paimbœuf, des lettres de piété que sa fille spirituelle conservait précieusement.

M. Guillet vint ensuite. Déjà étroitement lié avec la famille Bessard, il fut pour Victorine un véritable père, un consolateur à la mort de ses

parents, un frère par la profession du Tiers-Ordre
et par son amour pour saint Dominique. Trans-
féré à la cure de Saint-Nicolas de Nantes, que
laissait Mgr Fournier pour monter sur le siège
épiscopal de la même ville, l'abbé Guillet arriva
dans cette paroisse populeuse à l'entrée du rude
hiver de 1870-71, qui vit les régions de l'ouest
regorger de soldats blessés ou varioleux. Il y
consuma ses forces en moins de quatre ans et
succomba aux suites d'une apoplexie, le 28 mars
1874. A l'annonce de sa maladie, Mlle Bessard
quitta Paimbœuf, pour venir s'installer à son
chevet comme infirmière ; et, quand on rapporta
les restes du digne curé, pour être inhumés, suivant ses désirs, dans le cimetière de Paimbœuf avec
ses anciens paroissiens, Victorine se trouva encore
au presbytère, pour faire la garde funèbre auprès
du cercueil, tout le temps qui s'écoula entre l'arrivée du convoi et l'heure fixée pour les obsèques.

M. l'abbé Poitou, successeur immédiat de
M. Guillet, resta deux années à Paimbœuf.
Mlle Bessard, dans ses Annales dominicaines, lui
donne « un reconnaissant souvenir pour les
solides instructions » qu'il adressa aux Sœurs, les
jours de leurs réunions.

M. Gouy, qui le remplaça, était précédemment premier vicaire de l'abbé Guillet, à Nantes ; cette circonstance le recommandait d'avance à l'affection religieuse de Victorine Bessard, comme en témoigne une Note du registre dominicain. Prêtre particulièrement bon, il fut pour Mlle Bessard d'un dévouement sans bornes, durant la longue épreuve des dernières années. Aussi la reconnaissance de sa paroissienne est-elle des plus profondes. Quand la santé du vénéré pasteur commence à inspirer des craintes, il n'est prières qu'elle ne réclame et n'adresse elle-même pour lui.

Elle écrit à son neveu de Poitiers :

« Je tiens à recommander spécialement à tes prières le bon Monsieur le Curé, dont l'état est bien loin de s'améliorer...Je ne l'ai pas vu depuis longtemps, et tout porte à croire que je ne le reverrai plus. Tu sais combien il a eu de charité pour moi. Joins, je t'en conjure, tes prières aux miennes, pour lui obtenir les grâces dont il a besoin dans le moment si grave où il se trouve... »

Et à peine a-t-il rendu le dernier soupir qu'elle écrit encore, afin de demander pour le repos de son âme les prières de la Communauté, avec un certain nombre de messes (1).

Un autre pasteur succède à celui qui n'est plus : Victorine accueille « comme l'envoyé de Dieu ce nouveau directeur spirituel », et a pour lui tout aussitôt la même ouverture, la même confiance que pour ses confesseurs précédents.

Preuve manifeste de la droiture de cette âme ! Quel que soit le prêtre qui la visite, pendant la maladie ou après la mort de son confesseur ordinaire, « elle se trouve bien de sa direction, et lui a une vive reconnaissance pour sa grande charité, et son empressement à lui apporter tous les huit jours la sainte Communion » (2).

La servante du Christ avait une impression très profonde de la responsabilité du prêtre chargé du ministère pastoral. C'est pourquoi elle s'intéressait vivement aux œuvres entreprises dans la paroisse pour le bien des âmes ; elle les secondait de ses prières, se réjouissait des succès obtenus, gémissait devant Dieu de la résistance de certains cœurs indifférents ou endurcis.

Entendons-la nous dire :

(1) Lettres des 25 mars et 7 avril 1888.
(2) 11 juin 1888.

« M. le Curé se dépense et est apprécié par les personnes qui suivent ses instructions...

« Il a prêché tous les dimanches de Carême, et d'une façon fort remarquable, quand souvent le pénible état de sa santé lui rendait le travail très difficile, et qu'il ne pouvait attendre son secours que du Ciel (1) !... »

Ailleurs, à la suite d' « instructions solides données les dimanches de Carême et tous les jours de la Semaine sainte par un chanoine de Nantes, ami dévoué du curé malade », Victorine se réjouit de « plusieurs retours marquants... Les communions, ajoute-t-elle, ont été nombreuses et recueillies : demandons et espérons plus encore... »

Parlant du Jubilé extraordinaire de 1881, elle écrit :

« Notre retraite de Jubilé a été prêchée par les religieux Prémontrés de Nantes. Le bon Dieu nous a regardés dans sa miséricorde. La mission de ces Révérends Pères a été fructueuse dans notre paroisse, et la communion générale tout à fait édifiante. Il y a eu des retours. Malheureusement il existe un noyau qui ne s'ébranle pas. Prions

(1) 5 mai 1887.

toujours pour ces pauvres infortunés qui *ne connaissent pas le don de Dieu !*... et prions pour ceux
qui, le connaissant, n'ont pas encore le courage
de rentrer dans la voie qui les conduirait à
Lui !... »

De ces hauteurs où la charité ne considère que
le bien spirituel des âmes, descendons aux régions
plus humbles des relations journalières avec le
prochain, et cherchons, en premier lieu, comment
Victorine Bessard entendait les affections de famille. Sur cet article seul on pourrait écrire un
volume.

Le lecteur connaît déjà sa piété filiale, son dévouement de sœur et de tante, pendant la première
période de sa vie. Les trente dernières années,
son attachement pour les siens emprunte de la
gravité de l'âge et de l'augmentation en vertu une
bienveillance toute particulière. Malgré son
amour de la solitude et de la retraite, tous les
événements, heureux ou malheureux, qui se
produisent dans la famille, mariages, baptêmes,
décès, la trouvent présente, apportant le tribut de
ses congratulations ou celui de ses douces condoléances ; et, quand l'infirmité l'empêche de

s'associer en personne aux joies ou aux deuils de ses proches, elle leur est tellement identifiée qu'elle semble au milieu d'eux.

Apprenant la naissance d'un petit-neveu, elle écrit au père et à la mère de l'enfant la charmante lettre que voici :

« Recevez l'un et l'autre les félicitations bien affectueuses de votre pauvre vieille tante, qui partage votre joie avec tout son cœur, et qui déjà aime si tendrement le cher petit ange que le bon Dieu vous a donné !... »

Puis s'adressant au père seul :

« Merci mille fois de m'avoir informée sans retard de sa naissance, en me donnant des nouvelles de sa douce petite mère dont j'étais si occupée ! Inutile de te dire combien, en recevant ta dépêche et ta lettre, mon cœur s'est élevé vers le bon Dieu, pour le remercier avec vous et le prier de vous bénir...

« Demain, M. le Curé, qui a déjà bien prié pour vous, offrira le saint sacrifice de la Messe, à l'autel de la sainte Vierge, votre bien-aimée Patronne et puissante Protectrice, à votre intention. Puis il m'apportera la sainte Communion, après la Messe. Il s'est informé de notre chère Marie, de

votre enfant dont je lui ai dit le nom, et m'a chargée de vous offrir ses félicitations sincères. Il en a
été ainsi de Mmes H.. et V.. ; de Mme la Supérieure
et de mes amies particulières ; je ne dois pas
omettre de mentionner Mme P...

« Avec quel intérêt j'ai lu les détails que tu me
donnes sur l'ondoiement de ton cher petit, et sur
les pieux pèlerinages qui en ont été la suite. Merci,
cher enfant, de n'avoir rien omis dans ta lettre de
ce qui pouvait me faire du bien ! ..

« Mon cher neveu, ma bonne petite nièce, recevez les baisers presque maternels de votre
pauvre vieille tante, et embrassez pour elle votre
beau petit Charles, dont elle salue l'Ange gardien et les saints Patrons et Protecteurs célestes,
avec tant de bonheur !...

« En Jésus, Marie, Joseph notre douce espérance !

« Votre toute dévouée tante,

« VICTORINE DE JÉSUS, T. D. »

Un deuil particulièrement sensible à son âme
si aimante fut la mort de sa sœur aînée, ravie à
l'affection des siens le 19 septembre 1873, après
trois jours seulement de maladie. Cela se passait

à la maison de campagne. Mlle Bessard, venue de Paimbœuf au premier appel, reçut de la mourante ce touchant adieu : « Ma Victorine, tu as toujours été l'ange gardien de la famille ; tu nous obtiens tout secours du Ciel !... »

Dès lors Victorine Bessard reporta sur ses neveux l'affection qu'elle avait eue pour leur mère, et ne manquait pas de leur envoyer un témoignage de pieuse sympathie, chaque année, à l'anniversaire du trépas de cette « mère bien-aimée, pour qui, écrivait-elle un jour, l'hymne de la reconnaissance est si près de la prière, à cause des espérances que le bon Dieu semble avoir voulu déposer dans nos cœurs, en la comblant de grâces si remarquables pour sanctifier et adoucir ses derniers moments... »

A cette manière douce, délicate, surnaturelle en même temps, de comprendre les affections de famille, la servante de Dieu joignait une pratique non moins exquise des devoirs de l'amitié. Sa nature franche et sympathique, ainsi que son aimable vertu, lui avaient, au cours de sa longue existence, procuré un certain nombre de vraies amies. Elle leur resta constamment fidèle, trouvant du bonheur à les voir, à leur écrire, à conserver leurs lettres, et surtout à prier pour elles chaque jour. Divers traits rapportés ci-dessus nous dispensent d'insister davantage. Chose qui dénote son esprit d'ordre et son affectueux intérêt, Victorine avait coutume de classer toutes les lettres qu'elle recevait, avec une ou deux lignes sur l'enveloppe, indiquant l'objet spécial du contenu. De la sorte, il serait aisé de reconstituer l'histoire à peu près complète de ses relations de famille et d'amitié.

Les personnes attachées, habituellement ou par circonstance, au service de Mlle Bessard rencontraient de sa part, en un rare degré, attentions et égards. Maîtresse non exigeante, elle attendait qu'on lui donnât les soins réclamés par son état, plutôt qu'elle ne prenait l'initiative de les demander, et paraissait toujours satisfaite. Que de privations supportées en silence, par crainte d'interrompre le sommeil d'autrui ou de solliciter, sans une nécessité absolue, quelque service pénible ! Dieu seul connaît tous les actes de patience qu'elle pratiqua dans l'intérieur de sa maison, grâce à cet esprit de douceur et de charité !...

Au reste, la gaieté, l'humeur enjouée qui existait au fond du caractère de Victorine Bessard, se dévoilait dans ses relations purement domestiques. La servante qui, pendant près de vingt ans, lui donna ses soins, déclare que sa maîtresse avait habituellement le mot pour rire, que maintes fois, avant d'être arrêtée par la maladie, elle lui racontait, toujours sur le ton plaisant, les incidents divers qui lui survenaient en route : entre autres un voyage de Nantes où, un matin, elle tomba dans la rue en se rendant à la messe, et fut relevée par une personne inconnue, témoin de sa chute.

Cette disposition naturelle à l'épanchement fait mieux ressortir l'attitude humble et déférente que prenait la servante de Dieu en présence du prochain, tantôt s'effaçant pour laisser les autres agir et parler, tantôt s'appliquant à relever les moindres actes accomplis pour la justice ou la religion ; comme aussi elle savait toujours juger favorablement des intentions, et réprimer en autrui tout propos médisant.

Il n'y a point forfanterie de sa part à alléguer sa « misère », sa « profonde misère », pour engager à prier pour elle.

Elle écrit à une Sœur en saint Dominique :

« Le bon Dieu nous envoie sa croix pour le

bien de nos âmes ; vous l'avez compris, chère Sœur, et vous y avez trouvé de nouveaux fruits de bénédiction, tandis que moi, manquant à la grâce bien souvent, dans ma misère, je ne sais pas en profiter. Ce que je vous dis est sérieux ; daignez prier pour moi, d'autant plus que mon état physique est loin de s'améliorer, et que je suis peu utile sur la terre !... »

Enfin, il n'était jusqu'aux fournisseurs, ouvriers, employés à un titre ou à un autre, que Mlle Bessard n'entourât d'attentions, par une manière polie de leur parler, par des soins particuliers lorsqu'ils travaillaient chez elle. Avait-elle à leur écrire, elle faisait usage à dessein, sur la suscription, d'une majuscule initiale en désignant leur profession.

Arrivons, il en est temps, à raconter les libéralités de la servante de Dieu.

Les textes de l'Ecriture qui exaltent les âmes bienfaisantes trouveraient ici une saisissante application.

« Toute l'assemblée des Saints publiera ses aumônes (1). »

(1 Eccli. xxxi 11.

« Elle a ouvert sa main à l'indigent et tendu ses bras vers le pauvre (1)... »

« Elle a répandu ses dons à profusion parmi les malheureux ; sa justice demeure à jamais (2). »

Pour faire mieux connaître ce cœur vraiment d'or, soulevons discrètement le voile qui ferme le sanctuaire de la famille.

On trouve parfois des âmes libérales à l'égard des étrangers, rétrécies envers leurs proches. Telle n'était pas Mlle Bessard : elle eut pour premier souci d'obliger les siens. En voici des exemples.

Lors de la répartition du patrimoine, elle s'était trouvée un peu avantagée par le sort ; son cœur en souffrit. Elle fit valoir que, sa position indépendante lui imposant moins de charges qu'à ses sœurs, elle pouvait, sans préjudice pour ses intérêts, accepter un mobilier plus modeste et des immeubles grevés de plus lourds frais d'entretien. Son insistance n'admit aucun refus : il fallut céder.

Héritière dans une succession dont plusieurs

(1) Prov. xxxi, 20.
(2) Ps. cxi, 8.

de ses neveux se voyaient écartés par le fait de
la mort de leur mère, Victorine leur abandonna
généreusement ce qui lui revenait.

Une de ses nièces, contrainte de faire une saison d'eaux, pensait s'y rendre seule. Victorine s'y
opposa formellement, et se chargea des frais de
voyage d'une personne connue, afin que cette
nièce, éloignée de sa famille et de son pays,
reçût des soins assidus et dévoués.

Les aumônes de Mlle Bessard comprenaient les
diverses sortes d'œuvres utiles et saintes. Œuvres
catholiques : la Propagation de la foi, le Denier
de saint Pierre, l'Œuvre de saint François de
Sales, etc. ; œuvres paroissiales : l'église, dont elle
aida la reconstruction par une souscription importante ; l'école libre des Frères, qui trouva
en elle une bienfaitrice insigne ; un patronage de
jeunes gens, pour lequel elle céda gratuitement un
de ses immeubles ; l'hôpital et l'asile, largement
secourus de ses deniers ; l'œuvre des bons livres,
celle des fourneaux économiques, etc... Elle con-
tribuait généreusement aux frais de toute fête extraordinaire dans la paroisse ; chaque année aussi,
elle habillait, en totalité ou en partie, des enfants
de la Première Communion, et coopérait à l'édu-

Maître-autel provenant de l'ancienne abbaye de Buzay (Loire-Inférieure). — « La mort de saint Louis », tableau de M. Alexis Douillard, frère de M. l'abbé Douillard, l'architecte de l'église.

cation des jeunes séminaristes. Elle laissa ex·
ceptionnellement des titres à immobiliser pour
cette dernière œuvre, la jugeant d'une importance
capitale, à Paimbœuf surtout, qui compte d'ordinaire dans les rangs du clergé une vingtaine de
ses fils.

Enfin, dans le domaine plus modeste de la charité de main à main, si l'on peut parler ainsi, que
de choses encore à dire ! Secours à des infortunes
secrètes, aumônes déguisées sous forme de travaux donnés à faire, larges rémunérations pour
de médiocres services, remises de créances à des
débiteurs nécessiteux, longs délais accordés à des
fermiers en détresse, etc. etc.

Ajoutons, pour être juste, que Mlle Bessard
trouva en retour, plus que personne, gratitude et
attachement : nombreuses correspondances en
témoignent.

La multiplicité de ses aumônes pouvait la
faire croire en possession d'une grande fortune.
C'est une erreur. Après la mort de ses parents,
M [lle] Bessard n'avait, en réalité, qu'une honnête
aisance. Pour être à même de donner davantage,
et, croyons-nous aussi, par esprit de détachement
religieux, elle avait réduit au plus strict nécessaire

son train de maison, et elle devint en pratique
d'une pauvreté absolue. Son mobilier, partout
très simple, offrait en certains appartements un
aspect misérable. Jamais elle n'eût consenti à
mettre son salon en rapport avec le luxe moderne :
les sièges les plus somptueux qu'on y trouvât
consistaient en quatre fauteuils garnis de simple
drap noir. Les modestes ornements de ses che-
minées étaient des souvenirs de famille ou des
cadeaux de l'amitié. Quant à ses vêtements, ordinairement d'indienne ou de lainage commun, ils
lui servaient jusqu'à devenir complètement usés.
La seule recherche de sa mise s'arrêtait à une
propreté irréprochable et à un ajustement parfait. A la maison, une pèlerine lui couvrait les
épaules par convenance, et sur la tête elle portait
presque toujours un bonnet très simple. Au
reste, l'affection des siens savait prévoir quels
objets lui étaient d'un indispensable besoin, et les
lui offrait comme hommages de fête ou étrennes
du premier de l'an.

Dans une de ces circonstances, on lui avait
donné une robe bien chaude et de très bonne
étoffe ; elle la porta deux ou trois fois. Un jour
que sa servante l'engageait à s'en vêtir, Victorine

répondit par un sourire : l'habillement avait dis-
paru de la garde-robe, pour prendre une direction maintenant encore ignorée.

En prévision de sa mort, la servante de Dieu
rédigea un écrit auquel, par délicatesse pour ses
héritiers, dont elle connaissait les sentiments
à son égard, elle ne voulut donner ni le nom, ni
la forme légale de testament. Elle l'intitula « Mes
derniers désirs pour la terre ». Il débute ainsi :

A. M. D. G.

« Aujourd'hui, onze juillet mil huit cent
soixante-onze, moi, Victorine Bessard, après avoir
placé sous la protection de la très sainte Vierge
mes derniers désirs pour la terre, je viens prier
mes héritiers de les accomplir après ma mort. »

Suivent divers paragraphes. On lit dans le premier :

« Je désire que, tous les frais nécessités par ma
mort une fois payés, mes revenus d'une année
soient employés pour la continuation de mes œuvres
de charité dans mon pays, à l'intention de tous
nos chers défunts et à la nôtre... Une petite lettre
ci-jointe, à l'adresse de mes héritiers, leur fera con-

naître plus explicitement mes intentions à ce sujet. »

Le second paragraphe règle que tous les objets, religieux ou profanes, venus comme présents des membres de sa famille, retourneront à leurs auteurs avant tout partage. Une note très détaillée indique ces objets.

Après avoir déterminé ensuite les legs destinés par elle à chacune de ses œuvres, Victorine termine ainsi :

8° « Que toutes les personnes qui m'ont été dévouées trouvent ici l'expression de ma reconnaissance ! Je prie Dieu de les récompenser au centuple du bien qu'elles m'ont fait, et de celui qu'elles ont désiré me faire. — Quant à celles que j'ai pu offenser, je les prie de me pardonner, pour l'amour du bon Dieu, ce qu'elles me reprochent, et de croire que, de mon côté, je n'ai de ressentiment pour personne...

9° « Je prie mes parents et mes amis de daigner se souvenir de moi dans leurs prières, et de croire que je meurs en appelant sur eux tous l'abondance des célestes bénédictions !!!

« Paimbœuf, 11 juillet 1888.

« VICTORINE BESSARD. »

Tout pour Dieu.

Divers décès et changements de situation survenus depuis la rédaction première de cette pièce obligèrent Victorine à la modifier, sans toutefois en altérer le fond. De là les dates de 1871 et 1888.

Dans l'écrit explicatif de ses intentions, Mlle Bessard marque un certain nombre de messes, dont elle-même fixe, à trois francs, les honoraires. En voici l'énumération textuelle :

« Cinquante messes pour les défunts de notre famille, avec un souvenir pour mon âme : — à demander à M. le Curé de Paimbœuf.

« Dix messes à l'intention de MM. les Curés de Paimbœuf décédés ; — item.

« Huit messes pour la bonne qui m'a donné tant de soins dans ma souffreteuse enfance.

« Vingt-cinq messes pour les défunts du Tiers-Ordre et ceux du grand Ordre de Saint-Dominique. — Je prie que l'on demande ces messes aux Dominicains de Poitiers ou à leurs expulsés.

« Sept messes pour les défunts de la paroisse qui en ont le plus de besoin.

« Cinq messes pour mes bonnes amies décédées.

« Cent francs seront remis à Mme la Supérieure de l'hospice, pour procurer une messe au décès de chacun des pauvres dont la famille serait dans l'impossibilité de lui procurer ce secours, et cela jusqu'à l'extinction de ce pauvre petit don ! »

On a remarqué, peut-être avec surprise, que Mlle Bessard ne mentionne aucune messe spéciale pour elle-même : elle se borne à demander « un souvenir pour son âme ».

Ce n'était point présomption de sa part. Nous l'avons, en effet, entendue émettre la réflexion suivante : « On me laissera dans le Purgatoire, en disant : « Elle n'a pas besoin qu'on prie pour elle ! »

Le vrai motif de cette abstention, il faut le chercher dans l'*Acte héroïque*, autorisé par l'Eglise, ou abandon de toutes les œuvres satisfactoires en faveur des fidèles défunts. Ainsi, jusque dans sa mort, la charitable chrétienne témoignait sa piété pour ces âmes souffrantes qui, durant sa vie, avaient eu la meilleure part de ses suffrages et de l'application de ses mérites.

La haute vertu de Mlle Bessard lui avait acquis dans la ville un ascendant auquel toutes les classes de la société rendaient hommage. Cette vénération avait commencé dès le temps de sa jeunesse.

D'humbles artisans, marins, portefaix ne parlaient d'elle qu'avec respect, la désignant même par son seul prénom « Mademoiselle Victorine ». Des mères de famille tenaient à lui faire porter leurs enfants nouvellement baptisés, ou à les lui conduire le jour de la Première Communion. Elle donnait à ces enfants une croix, une médaille, une image...

Les ecclésiastiques originaires de Paimbœuf, ou anciens vicaires de la paroisse, lui gardaient un religieux souvenir. L'un d'eux, chanoine de Nantes et aumônier des prisons, ne craignait pas de dire tout haut : « Mademoiselle Bessard ! mais c'est une Sainte ! elle obtient de Dieu tout ce qu'elle demande. » Lui-même ne manquait jamais de réclamer ses prières en faveur des malheureux qu'il devait accompagner à l'échafaud.

Après la mort de la servante de Dieu, les témoignages rendus à sa vertu par des membres du clergé ont été nombreux et plus explicites. Ne pouvant les citer tous, bornons-nous à trois.

Le premier, celui d'un ancien vicaire, est ainsi conçu :

« Je la vénérais comme une Sainte et comme la bienfaitrice insigne de la paroisse. Il m'était doux de lui porter la sainte Communion, qu'elle recevait avec des sentiments si admirables de piété et de sainte joie! Aussi, j'ai l'intime confiance que toutes ses bonnes œuvres lui ont obtenu une magnifique récompense au ciel, où elle priera pour tous ceux qu'elle a aimés sur la terre... »

Un autre ancien vicaire de Paimbœuf, aujourd'hui prêtre vénérable ayant exercé le ministère paroissial en divers lieux, pendant un demi-siècle, nous écrivait naguère : « Je suis très heureux du cadeau que vous m'annoncez... C'est la biographie d'une des personnes que j'ai le plus estimées dans ma vie; je dirai même de la personne la plus sainte que j'aie connue... »

Terminons par le témoignage de M. le Curé actuel de Paimbœuf.

Cet honorable ecclésiastique nous avait engagé à révéler dans un écrit un peu étendu les vertus de sa vénérable paroissienne; nous lui avions demandé, pour cette fin, communication de ses impressions personnelles.

Voici la lettre qu'il voulut bien nous envoyer :

« Mon Révérend Père, vous me pardonnerez d'être resté si longtemps sans vous répondre; ce ne sont pas seulement les occupations et la fatigue qui y ont mis obstacle, mais bien aussi l'embarras de vous donner sur Mlle Bessard des détails que vous ne connussiez déjà.

« Vous parlerai-je de l'opinion publique ?... Tous, croyants et incroyants, la regardaient comme une Sainte, et s'inclinaient devant ses vertus. Pour moi elle était, par ses prières et par les souffrances qu'elle endurait si patiemment, le paratonnerre qui gardait notre paroisse et en écartait bien des fléaux de la colère divine. Son action, pour être plus cachée, n'en était pas moins efficace pour entretenir l'esprit de foi et de piété.

« Vous connaissez son humilité, qui la portait à s'effacer devant la personne la plus pauvre et la moins intelligente avec qui elle pouvait être en rapport. Il n'y avait qu'une circonstance où elle devenait intolérante, c'est quand elle croyait le bon Dieu offensé. On ne pourra jamais exprimer son horreur pour tout ce qui pouvait outrager la Majesté divine, comme aussi le zèle qu'elle déployait pour contribuer à la gloire de Dieu. De là ses dévotions privilégiées : les âmes du Purgatoire, la conversion des pécheurs, la sainte Eucharistie.

« Je ne vous parlerai point de l'édification

qu'elle donnait à tous, quand, chaque semaine, elle recevait la sainte Communion ; de ses préparatifs de la veille, sa toilette du matin, son jeûne prolongé jusqu'à midi et demi, une heure, tant que durait son action de grâces. Il a fallu mon intervention pour diminuer la rigueur de ce jeûne, que ne comportait pas sa frêle santé. Vous savez toutes ces choses, mon Révérend Père ; aussi je n'insiste pas.

« Un point peut-être qu'on trouve plus rarement, même dans les âmes privilégiées comme la sienne, c'est un attachement à *tous* les curés qui se sont succédé dans cette paroisse. Elle les regardait avant tout avec l'œil de la foi, et ce principe, encore plus que sa bonté naturelle, ne lui faisait trouver en eux aucun défaut. Aussi ne souffrait-elle de la part d'aucun une critique de leur personne ou de leur administration.

« Qui dira tout ce qu'elle a fait de bien dans la paroisse, en soutenant les différentes œuvres de charité et de religion ? Sa mort le fait sentir plus encore ! Et pourtant, je ne suis arrivé que pour recueillir les offrandes prises sur un revenu bien amoindri par les aumônes antérieures. Et ce qu'il y avait d'admirable, c'est qu'à ces dons elle joignait une délicatesse et une foi qui rendaient l'aumône plus agréable à celui qui la recevait.

« Vous savez bien aussi qu'elle secourait plusieurs misères cachées ; mais je ne puis vous donner les détails, je les ignore. Ce que je sais, c'est qu'elle agissait toujours, et surtout dans ce cas, avec la délicatesse la plus grande.

« Vous le voyez, mon Révérend Père, je ne puis vous transmettre personnellement que des généralités ; mais tout indique l'éminente sainteté de cette bonne demoiselle Bessard... »

NOTES SPIRITUELLES

NOTES SPIRITUELLES

OU

VIE INTÉRIEURE DE MADEMOISELLE BESSARD

―――――

RÉFLEXIONS PRÉLIMINAIRES

Les Recueils spirituels, les cahiers de retraites notamment, rédigés avec *simplicité et droiture*, servent à l'avantage de la piété.

Dépositaires des résolutions prises dans un commerce plus intime avec Dieu, gardiens fidèles des bonnes inspirations suggérées par l'Esprit-Saint aux époques de ferveur, ils deviennent pour le temps de la tiédeur ou de la sécheresse un secours, un rafraîchissement, un ressort capable de ramener l'énergie des anciens jours.

Mais qu'on se fasse une idée bien nette de ces sortes d'écrits.

Le plus habituellement, il ne s'y trouve qu'une

manifestation ordinaire de l'Esprit de Dieu, sans sortir des voies communes de la grâce.

A l'âme recueillie, docile et humble, le Seigneur se révèle intérieurement, selon cet oracle des Saints Livres : « Je la conduirai dans la solitude, et je parlerai à son cœur (1). »

Quel homme franchement chrétien n'en a fait l'expérience ?

Par le souvenir d'un texte de l'Ecriture, d'une maxime de l'*Imitation*, d'une pensée d'un Saint ; quelquefois même par une voix secrète qui retentit mystérieusement au fond du cœur, le Dieu de bonté daigne consoler nos tristesses, encourager nos efforts, récompenser notre fidélité, ou nous intimer ses volontés adorables.

Pour répondre à ces prévenances de la grâce, qu'avons-nous à faire ? — Entrer dans les dispositions indiquées par l'auteur de l'*Imitation*, au début de son troisième livre, et nous rappeler la parole du Roi-Prophète : « J'écouterai ce que dira au dedans de moi le Seigneur mon Dieu, car il m'annoncera la paix qu'il a préparée pour son peuple (2). »

(1) Osée, II, 14.
(2) Ps. LXXXIV, 9.

A la faveur de ces réflexions, on saisira mieux le caractère des *Notes spirituelles* laissées par Mlle Bessard. Ces Notes se présentent sous forme de communications divines : libre à chacun, cependant, de n'y voir autre chose que la manière préférée de la servante de Dieu pour traduire sa vie intérieure.

Ce ne sont pas des considérations mystiques de longue étendue, mais de simples pensées, ou sentences, renfermées dans quelques lignes, parfois en deux ou trois mots. Toutes d'une correction théologique parfaite, elles comprennent vingt-quatre petits cahiers, et courent de l'année 1835 au 17 janvier 1883. En réalité, elles n'ont de suite qu'à partir de 1859 ; ce qui précède offre la valeur de trois pages seulement. Au delà de 1883, nous ne trouvons qu'une sentence datée du 15 avril 1884, mardi de Pâques, et copiée au verso de la couverture d'un cahier précédent. Le vingt-quatrième cahier reste en blanc après la seconde page. La fatigue, la souffrance aura empêché Victorine Bessard de transcrire les notes ultérieures, et le brouillon ne nous en est pas parvenu.

Le soin avec lequel les Notes spirituelles ont été

recueillies par leur auteur vaut la peine d'être
signalé.

La couverture de chaque cahier porte en épi-
graphe un ou plusieurs versets de Psaumes, ou
bien un texte des Livres sapientiaux, soit encore
une strophe de l'Office du Très Saint Sacrement,
ou quelques invocations tirées des Litanies du
Sacré-Cœur.

L'intérieur offre à l'œil le charme d'une écriture remarquablement belle et régulière, à peu
près sans rature, avec emploi de l'encre bleue,
évidemment choisie à dessein.

Par ailleurs, un écrit trouvé dans un portefeuille
nous sert de clef pour pénétrer dans l'intérieur du
modeste, mais très pieux monument.

Voici cette pièce :

A. M. D. G.   14 décembre 1875.

Notes explicatives.

« Je tiens à faire connaître à la personne entre
les mains de qui tomberont mes cahiers de souvenirs spirituels, dans quelles conditions ils ont été
écrits.

« Tout d'abord je dirai que j'étais bien peu
versée dans les voies de Dieu, quand, un jour, me
trouvant à quelques lieues de mon pays, près
d'une parente extrêmement souffrante, ayant dû
rompre avec mes habitudes et n'ayant plus de
consolation qu'en Dieu, je crus, après la sainte
Communion, à une lumière surnaturelle ; et, de
plus, il me sembla entendre les paroles placées au
commencement de mon premier cahier. Puis la
même chose se représenta dans d'autres circonstances. J'écoutai et je me rappelai... Au bout de
quelque temps, je parlai de la chose à mon guide
spirituel, et lui déclarai que je me sentais pressée
de recueillir sur le papier des paroles qui me
paraissaient venir du bon Dieu. Il me dit de ne
pas résister à ce désir, et voilà le début de ces
Notes, dont les premières se trouvent sans dates
bien précises.

« Plus d'une fois, étonnée de locutions ou d'expressions même que je ne connaissais guère, bien
que j'en comprisse le sens, je doutai sur la nature
de leur origine, et je m'en serais inquiétée, si quelques sermons, quelques exhortations que je ne
provoquais point, ne fussent venus me rassurer.
D'autres fois, au contraire, certaines hésitations

dans ce que je croyais entendre me donnaient des
craintes qui pouvaient être plus fondées. Je
doutai aussi que ce qui m'impressionnait ne pro-
vînt du souvenir de pieuses lectures, ou que je ne
me parlasse à moi-même... Quoi qu'il en soit, je
dois dire que, dans les douleurs de ma vie, qui
ont été bien grandes et bien multipliées, mon petit
recueil spirituel m'a été d'un grand secours, et
que, par suite des pensées qu'il m'inspirait, j'ai
pu, avec l'aide du bon Dieu, faire un peu de bien
à quelques âmes affligées.

« C'était surtout dans la sainte Communion
qu'il me semblait entendre cette voix intérieure,
et aussi dans le temps de mes plus rudes labeurs...
Mais il m'arrivait alors une chose étrange : c'est
qu'au moment où je cherchais un peu de solitude
pour recueillir ce que je croyais avoir entendu, je
me trouvais souvent dans un état fort pénible,
sans ombre de souvenirs et presque sans pensée.
Prier Dieu de m'éclairer, me soumettre à sa
sainte volonté, s'il en était autrement, devenait
ma seule ressource. Maintes fois, c'était dans la
journée qu'inopinément la mémoire me revenait ;
plus souvent, c'était peu après ma demande ; quelquefois enfin, le silence se faisait absolument... Il

me semble bon aussi de dire que, dans la nécessité de passer bien des nuits auprès d'une personne qui avait des droits nombreux à ma sollicitude, dérangée à tout instant, quand j'espérais saisir au passage un moment loisible pour transcrire mes notes, il a pu se glisser des inexactitudes et des redites dans mes cahiers, lorsque ces notes avaient été prises à la hâte sur des feuilles volantes.

« Plusieurs années s'écoulèrent de la sorte, où je fus ainsi soutenue par la miséricordieuse bonté de mon Dieu... Mais voilà qu'une lecture dans les Œuvres de saint Jean de la Croix, désapprouvant ces sortes de recueils, me causa un trouble extrême... Je cessai d'écrire, et je ne m'en trouvai pas bien pour l'âme. Enfin, je m'en ouvris à mon guide, qui sembla ne point m'approuver. Je crus alors concilier toute chose en me contentant de crayonner mes souvenirs sur un carnet, pensant qu'ainsi ils ne seraient intelligibles que pour moi. Mais bientôt je m'aperçus qu'avant peu ils ne le deviendraient plus pour moi-même : ce qui me décida à les recopier, autant que possible, et voilà où j'en suis aux approches de la mort...

« Considérant par moments, avec *effroi*, le vide de mes actions, le fonds d'amour-propre que je

découvre en moi ; enfin, le peu de fruit que j'ai
retiré des grâces dont la miséricordieuse bonté de
mon Dieu m'a comblée depuis mon enfance, j'ai
demandé plusieurs fois à brûler mes manuscrits,
pour plus de sûreté de conscience ; mais cette
demande n'a pas été accueillie. Il ne me reste
donc plus qu'à prier bien instamment la personne à laquelle ils pourraient être remis, après
ma mort, à défaut de mon neveu, le Dominicain,
auquel ils étaient destinés, de remplir ponctuellement les intentions que je lui exprimais dans
une lettre qu'on trouvera ci-jointe, et que je lui
avais écrite, avant de savoir qu'il dût nous quitter
pour entrer dans l'Ordre de Saint-Dominique.
Du reste, je tiens à dire, à l'appui de cette demande, que cette lettre avait été vue et approuvée
par un Frère-Prêcheur, en 1873. »

T. P. D.

La lettre mentionnée ci-dessus, et portant comme
date : « Paimbœuf, 27 décembre 1871, à minuit, »
nous priait, en effet, « bien instamment d'anéantir
ces cahiers après les avoir lus » , et ajoutait :
« C'est dans cette espérance que je garde jusqu'à
ma mort ces Notes, dont la lecture m'a tant de fois

fortifiée et consolée, en me réchauffant le cœur ! »

Une telle recommandation, dictée par un sentiment d'humilité facile à concevoir, engageait notre délicatesse. Mais Dieu a voulu que, par un post-scriptum, de date subséquente, — 27 juillet 1883, — Mlle Bessard retirât formellement cette condition, ou plutôt la subordonnât à la décision de son confesseur, « M. le Curé de Paimbœuf, qui, ayant examiné avec soin les manuscrits, tient à en conférer, dit-elle, avec celui auquel ils sont destinés. »

L'arbitre ainsi désigné, M. l'abbé Gouy, n'existe plus ; mais son successeur à la cure de Paimbœuf a hérité de ses droits. Ainsi l'a compris sans nul doute Mlle Bessard, qui fut sa pénitente pendant trois ans, et qui n'a modifié en rien le post-scriptum de 1883.

Or, M. le Curé actuel de Paimbœuf juge tout à fait opportune la publication des *Notes spirituelles*, estimant qu'elles sont de nature à faire un très grand bien aux âmes désireuses de progresser dans les voies intérieures.

C'est aussi le sentiment des Supérieurs de l'Ordre, de qui dépendait Victorine Bessard, en vertu de sa profession de Tertiaire.

Fort de cette double autorité, nous donnons donc ici le Recueil, non pas au complet, — cela nous entraînerait trop loin, — mais par extraits, un sixième environ.

Et, afin d'en rendre la lecture plus fructueuse, négligeant l'ordre dans lequel les *Notes spirituelles* sont présentées, nous les groupons sous des titres spéciaux en rapport avec les idées qu'elles expriment. Quelques réflexions jetées çà et là ont pour but d'éclairer davantage le sujet.

Suivant la forme adoptée, c'est, d'un bout à l'autre, Dieu qui parle à sa fille : toute âme chrétienne fera son profit des leçons qu'il lui donne (1).

(1) On goûtera mieux les Notes spirituelles, si l'on prend soin de ne lire qu'un petit nombre de pages à la fois.

NOTES SPIRITUELLES

INTRODUCTION

De 1835 à 1859.

L. J. C.

*Quam dilecta tabernacula tua, Domine virtu-
tum !... Concupiscit et deficit anima mea in atria
Domini.*

*Etenim passer invenit sibi domum et turtur
nidum sibi, ubi ponat pullos suos.*

*Altaria tua, Domine virtutum, Rex meus et
Deus meus.*

*Quia melior est dies una in atriis tuis, super
millia...* (1). (Ps. 83.)

(1) « Seigneur des armées, que vos tabernacles sont
aimables !... Mon âme soupire, et elle est dans la défaillance par l'ardeur du désir qui la porte vers les parvis
du Seigneur...

« Car le passereau trouve une maison pour s'y retirer,
et la tourterelle un nid pour y placer ses petits.

« Et moi, j'ai vos autels, Seigneur des armées, mon Roi
et mon Dieu.

« Car un seul jour de demeure dans vos tabernacles
vaut mieux que mille autres jours. »

(D'Allioli, édit. franç.)

« Lumière céleste !... »

« C'est ici mon Fils bien-aimé, en qui j'ai mis toutes mes complaisances : écoutez-le !... »

« Humble soumission dans les traverses. »

« Prompt recours à moi dans le péril.

« Dépôt de toutes tes peines dans la plaie de mon Cœur...

« Offrande de ces peines pour l'expiation de tes fautes et pour le salut des pécheurs...

« Tendre dévotion envers ma sainte Mère...

« Humble attente des biens éternels.

« Combats les bons combats du Seigneur... Ma grâce te suffit...

« La paix !!!

« La paix avec Dieu...

« La paix avec le prochain...

« La paix avec toi-même... »

(Bien des fois.)

« Aime-moi de tout ton cœur...

« Aime-moi de toutes tes forces...

« Aime-moi de tout ton esprit...

« Aime-moi de toute ta volonté...

« Et aime le prochain comme toi-même. »

(Bien des fois.)

———

Abandonnée des créatures et le cœur brisé de douleur, je me sentis appelée sur le Calvaire, au pied de la Croix de mon Sauveur... J'y trouvai la sainte Vierge, saint Jean et sainte Madeleine, et je crus entendre ces paroles :

« Voilà tes amis !!! »

———

« Immolation complète... »

———

« Doux repos sur mon Cœur... »

———

« Humilie-toi, mais approche. »

———

I. — DIEU : SA PRÉSENCE, SA PAROLE, SON DIVIN REGARD.

17 *Juin* 1859. — « Attention respectueuse et persévérante à ma présence...

« Union en tout à ma sainte humanité...

« Douce mansuétude envers les pauvres, les petits et les infirmes...

« Soumission parfaite à ma volonté... »

25 *Novembre* 1860. — « Ma fille, tiens-toi en ma présence et sous mon regard, avec respect, avec amour surtout,... et rappelle-toi ma parole, pour accomplir ma loi... »

11 *Février* 1861. — « Ma parole est la lampe qui doit éclairer tes pas... Ecoute-la donc attentivement, médite-la et mets-la en pratique... Souviens-toi, ma fille, que là où il se trouve moins de la créature, il y a plus du Créateur, et que si tu n'as plus rien sur la terre, j'y serai ton tout, ton Père, ton Ami, ton Consolateur, et ta joie incommensurable dans l'éternité... »

29 *Avril* 1862. — « Ma fille, je suis la lumière

de tes yeux, le soutien de ta faiblesse, l'appui de ta foi, la vie de ton âme, la joie de ton cœur...

« Marche en ma présence, et sois parfaite... »

23 *Octobre* 1862. — « O ma fille, tu désires entendre ma parole ; mais ma présence ne te dit-elle pas tout mon amour ?... ne te dit-elle pas ce que j'attends de toi ?

« Ecoute, dans le silence de tes sens.

« A mon anéantissement dans l'Eucharistie, il faut opposer l'anéantissement de tout ton être...

« A mon obéissance, l'adhésion sans bornes de ta volonté...

« A mon esprit de sacrifice, l'oblation pure et entière de toi-même entre mes mains...

« Et voilà ta vie liée à la mienne, voilà commencée sur la terre l'union bienheureuse et indissoluble que je te prépare dans les cieux. »

2 *Décembre* 1862. — « Ma bien-aimée fille, ce regard s'arrête sur toi avec amour ; mais tiens-toi sous sa divine influence...

« Mon regard te suit... Aime-moi de tout ton cœur !... »

14 *Février* 1874. — « Ma fille, tiens-toi sous mon regard ; marche en ma présence, pour ma gloire et pour mon amour... »

II. — BON PLAISIR DE DIEU ; SA SEULE GLOIRE.

14 *Août* 1860. — « La soumission entière à ma volonté est un acte d'amour parfait... Ne suis-je pas venu sur la terre pour faire la volonté de mon Père, et cette volonté, ne l'ai-je pas accomplie jusqu'à mon dernier soupir sur la Croix ?... Prosterne-toi, ma fille, et écoute ces paroles : *Tout est consommé !*... Tout n'est pas encore consommé pour toi, mon enfant ; il faut mortifier ta volonté trop longtemps rebelle ; il faut réparer tes ingratitudes passées...

« Le royaume des cieux ne mérite-t-il pas d'être acheté à ce prix ? »

3 *Septembre* 1860. — « Mon enfant, l'obéissance est agréable à mes yeux, elle est chère à mon cœur...

« Obéis sans hésitation, soumets-toi sans réserve à ma volonté ; et ma bénédiction suivra tes pas, et mon amour adoucira et sanctifiera tous tes sacrifices… »

15 *Septembre* 1860. — « Ma fille, la perfection
ne consiste pas dans l'accomplissement des désirs
qui te semblent les plus saints ; mais bien dans
l'acquiescement pur et entier à mon bon plaisir…
Ainsi, quand je te prive de ma présence eucharistique, dis-moi toujours : « Que votre saint Nom
soit béni, ô mon Dieu ! » Quand je te comble des
douceurs de ma présence, réponds à mon amour par
toute l'effusion du tien, et consacre-moi ta vie… »

11 *Novembre* 1860. — « Un acte de soumission
parfaite à ma volonté touche plus mon Cœur que
tous les élans d'une dévotion sensible où je donne
plus que je ne reçois… »

28 *Février* 1861. — « Ma fille, les offrandes
faites pour ma seule gloire attirent sur la terre
des flots de miséricorde…

« Mais remarque cette parole : *pour ma seule
gloire !* Ainsi, mon enfant, plus d'alliage dans
tes offrandes !… Je veux de l'or pur, avec l'or
pur je veux ton cœur, .. ton cœur sans partage,
pour prix de mon amour… »

7*

14 *Mars* 1861. — « Ma fille, point d'alliage, si tu veux me plaire... Moi !... toujours moi !... en tout et toujours !... »

11 *Septembre* 1861. — « Que l'inutilité des considérations humaines ne remplisse pas ton cœur, ma chère fille !... n'aie plus qu'une vue, qu'une ambition, qu'un but : ma gloire, mon bon plaisir, mon amour ;... et tu vivras de ma vie,. . et je te reconnaîtrai au dernier jour... »

13 *Avril* 1863. — *Gloria Patri et Filio et Spiritui sancto... Sicut erat in principio et nunc et semper et in sæcula sæculorum. Amen.*

« Cette louange, ma fille, si elle sort de ton cœur, fera retomber dans l'enfer la vaine gloire qui pouvait t'y entraîner... »

25 *Mai* 1863. — « Souviens-toi du *Gloria Patri* que je te conseille... Souviens-toi de ma présence, et tiens-toi unie à moi ! »

III. — ESPÉRANCE ET ENTIER ABANDON.

8 *Avril* 1859. — « En moi ton repos !...
« En moi ta joie !...

« En moi tes délices !...

« En moi ta consolation dans les peines de la terre !...

« En moi ton espérance pour l'éternité. »

26 *Août* 1859. — « Ma fille chérie, tiens-toi entre mes bras comme le petit enfant dans les bras de sa mère ;... je veille sur toi !... Il ne t'arrivera rien que je n'aie prévu et ordonné pour ma gloire et pour ton salut... »

29 *Août* 1859. — « Douce quiétude, mon enfant,... car le Bien-Aimé de ton âme veille sur toi... »

9 *Décembre* 1859. — « En moi ton espérance, toute ton espérance, ma pauvre fille !... mais espérance ferme, assurée, fondée sur mes promesses, si, malgré les répugnances de la nature, tu ne cherches que moi, en toute chose, et si tu demeures invariablement soumise à ma volonté... »

26 *Février* 1861. — « L'incertitude de son salut doit remplir le chrétien d'un saint tremblement, d'une religieuse frayeur. Mais cette crainte doit être tempérée par l'espérance solidement établie

et fondée sur moi... Car j'accorderai mon secours
à celui qui me cherche dans la simplicité de son
cœur ;... mon amour suppléera à ce qui lui
manque... »

15 *Septembre* 1861. — « Repose-toi, ma fille,
entre les bras de ma Providence maternelle avec
confiance et amour... »

31 *Décembre* 1861. — « Ma fille, mon enfant
désolée !... mets en moi ton espérance, et je serai
ton consolateur. »

10 *Avril* 1862. — « Ma fille, confie-moi, aban-
donne-moi le soin de tout ce qui te touche, et ne
reprends pas ce que tu déposes aujourd'hui sur
l'autel de mon Cœur... »

31 *Août* 1881. — « Ma fille, je vois la tristesse
de ton cœur ; mais je veux que tu t'abandonnes à
moi sans réserve, et que tu me laisses le soin de
ceux qui te sont chers... S'il en est ainsi, je prendrai mes délices à habiter dans ton cœur ; ma
présence dans ton âme compensera tes souffrances,
sanctifiera tes œuvres, dont je serai le principe et
la fin,... et le ciel en sera le prix... »

IV. — DIEU AMI ET PÈRE, CONSOLATEUR, PRINCIPE ET FIN.

22 *Juin* 1860. — « Une larme d'amour versée à mes pieds efface bien des misères, mon enfant.

« Si tu m'aimes de toute l'étendue, de toute la capacité de ton cœur, ne crains rien !... Je serai ton Pasteur, ton Père, ton ami, ton consolateur sur la terre, et ta félicité dans l'éternel séjour... »

19 *Juillet* 1860. — Dans l'exil, la présence d'un ami est un adoucissement aux regrets de la patrie... Or, si tu soupires vers la patrie céleste, ne suis-je pas l'Ami qui ne change pas, et qui vient consoler ton pèlerinage ?... te fortifier dans tes labeurs ?... s'unir intimement à toi, pour sanctifier par sa présence tous tes sacrifices ?... D'où vient donc que tu es triste ?... pourquoi te troubles-tu ?... Jette-toi filialement entre mes bras !... Je ne demande que ton cœur !... Donne-le moi sans réserve, et remets-moi le soin de ton éternité. »

20 *Avril* 1861. — « Ma fille, l'unique Bien

c'est moi !... Hors de moi, tout n'est que vanité et affliction d'esprit...

« Médite bien cette parole. »

10 *Juin* 1861. — « Heureux le cœur à qui Dieu seul suffit !... heureux le cœur qui n'aime que ce qu'il aimera toujours !... Je le remplirai de ma présence... Je le comblerai de mes dons, et le rassasierai de mes biens dans l'éternité. »

4 *Novembre* 1861. — « Ma bien-aimée fille, ne suis-je pas ton père, ta mère, ton frère, ta sœur, ton ami, ton sauveur ?...

« Ne suis-je pas ton guide, ta lumière, ton appui, ton consolateur, ton espérance et ta joie ?... »

15 *Septembre* 1862. — « Ma fille, loin de toi la vanité et le mensonge... Moi ! moi seul ! toujours moi, pour principe et pour fin de tes actions, de tes paroles et des sentiments de ton cœur !... »

6 *Novembre* 1862. — « Que crains-tu ?... Ne suis-je pas ton Père et ton meilleur ami ?...

« Ne suis-je pas ton Père, qui est mort pour te donner la vie ?...

« Ton Sauveur, qui s'est fait le compagnon de ton pèlerinage, et qui a voulu supporter les épreuves de la vie, les tentations même, pour te fortifier, pour soutenir ta faiblesse?... Et ma visite ne te dit-elle pas tout mon cœur ?... »

17 *Juin* 1863. — « Oui, mon enfant, courir dans la voie de mes commandements, à la suite de la sainte Vierge, des Anges, des Saints, pour arriver à moi, centre de tout bien !...

« Te perdre en moi pour ne plus vivre que de ma vie, ne plus respirer que mon amour !... cela suffit. »

6 *Novembre* 1882. — « En moi l'appui des faibles... En moi le soutien des cœurs délaissés... En moi la richesse de l'âme qui, dans sa misère, se confie en mon tout-puissant secours... En moi la joie de l'âme fidèle, qui, dans son union avec moi, se dévoue avec amour à la souffrance, pour ma gloire et le salut de ses frères...

« Ma fille, médite ces paroles, et mets-les en pratique !... Elles feront ta consolation sur la terre, en attendant les joies de l'éternité. »

V. — UNION A DIEU ET A JÉSUS-CHRIST.

30 *Novembre* 1859. — « Ma fille, tiens-toi unie
à moi par toutes les facultés de ton esprit et de ton
cœur ; mais repousse sans trouble les imagina-
tions étrangères qui tendent à t'éloigner de ma
présence... Rapporte-moi tout le bien que tu fais,
tout celui que tu peux faire avec ma grâce, et
humilie-toi profondément en ma présence, car tu
n'es que pauvreté et que misère !... Mais espère,
mon enfant ; ma grâce te suffit pour opérer de
grandes choses, si tu corresponds à mon amour. »

16 *Août* 1860. — « Ma bien-aimée fille, sois
bien unie à moi en tout ce que tu feras ; là se
trouve toute la perfection de la vie chrétienne. Et
lorsque, au dernier jour, tu paraîtras au tribunal
du souverain Juge, tu pourras répondre avec confiance : « Me voici, Seigneur, toute couverte de
votre Sang, et assurée en votre miséricorde. » *In
manus tuas commendo spiritum meum... In te,
Domine, speravi, non confundar in æternum.* »

11 *Décembre* 1860. — « Ma fille, l'union avec

moi est le grand moyen d'arriver à la perfection, et d'attirer sur tes frères les bénédictions célestes... »

30 *Octobre* 1861. — « Ma fille, dans ton union avec moi ta force pour résister aux assauts de l'ennemi...

« Dans ton union avec moi ta consolation au milieu de l'isolement des créatures ..

« Dans ton union avec moi ton espérance...

« Dans ton union avec moi ta richesse...

« Dans ton union avec moi ta joie !... pour le temps et pour l'éternité... »

28 *Août* 1862. — « Oui, ma fille, viens à ma suite et écoute ma voix !...

« Vis en moi,... de moi,... et à jamais pour moi !... »

28 *Décembre* 1862. — « Je veux que s'élevant au-dessus de toutes les choses de la terre, ton cœur s'attache invariablement à moi... Je veux qu'il s'inspire de mon esprit,... qu'il s'anime de mes sentiments,... qu'il vive de ma vie,... et que, dans cette vie d'union avec moi, il trouve son bonheur et son espérance... »

20 *Septembre* 1875. — « Oui, ma fille, le Dieu
de ton cœur et ton partage pour l'éternité, si tu
corresponds à mon amour,... si, dans l'union à ton
Sauveur, tu ne cherches que sa gloire et son bon
plaisir, te confiant, dans ta misère, à son tout-
puissant secours, à sa grâce, à son amour pour
opérer ton salut...

« S'il en est ainsi, tu vivras de ma vie, et je te
reconnaîtrai au dernier jour... »

Nuit du 1er *juillet* 1877. — (*Dans un moment
pénible.*) — « Vie, communion de sentiments, de
paroles, d'actions, de souffrances avec moi,... jusqu'au dernier soupir de ta vie, et je t'ouvre le
ciel !... »

VI. — AMOUR DE DIEU ET DU PROCHAIN.

L'invitation à l'amour de Dieu et du prochain
que nous avons lue dans l'Introduction, se reproduit souvent, soit dans les mêmes termes, soit
avec des variantes et des paraphrases.

12 *Juin* 1859. — « Ma fille, aime-moi de tout
ton cœur...

« Entends bien cette parole... Aime avec moi
et pour moi tous les hommes quels qu'ils soient...
Sous une enveloppe parfois repoussante vois
l'âme rachetée du Sang de ton Dieu... Offre-toi
en holocauste pour le salut de tous, unissant tes
souffrances à celles que j'endurai sur le Calvaire,
et à celles de Marie, ma tendre Mère, au pied de
la Croix. »

3 *Novembre* 1859. — « Oui, ma fille, tu l'en-
tendras, cette parole, et elle sera douce à ton
oreille... Je te dirai : « Je t'aime, mon enfant, et
je veille sur toi !... » Aime-moi aussi de toute
l'étendue de ton cœur et de tes forces, et j'habi-
terai en toi, et j'y trouverai mes délices. »

28 *Novembre* 1859. — « J'ai entendu ta voix, et
je viens !...

« J'ai connu le désir de ton cœur, et je l'ai
exaucé !...

« Aime-moi de tout ton cœur, ma chère fille,
mais de cet amour fort, généreux et constant, qui
se manifeste par les œuvres,... de cet amour qui
résiste à l'épreuve de la souffrance du corps et des
douleurs de l'âme, et qui fait goûter au milieu des

angoisses la suprême consolation de s'immoler à ma gloire et à mon bon plaisir... »

12 *Juin* 1860. — « Aime-moi de toute l'étendue de ton cœur... » (*comme précédemment.*)

« Que ton esprit médite mes grandeurs, mes perfections et les témoignages de mon amour !... Que ton cœur s'ouvre à l'inspiration de la grâce et ne mette plus d'obstacle aux desseins de ma miséricorde... J'en remplirai toute la capacité,... et je te ferai goûter le bonheur de commencer sur la terre cette vie d'amour que tu es appelée à continuer dans les cieux... »

30 *Juillet* 1860. — « Aime-moi de toutes tes forces...

« C'est te dire : aime-moi dans les douleurs de ta vie : aime-moi dans les séparations qui déchirent ton cœur, car je permets toutes ces choses pour l'avancement spirituel de ton âme...

« Si tu déposes dans la plaie de mon Cœur tous tes sacrifices, ils deviendront un holocauste d'agréable odeur qui glorifiera mon Père, et qui consolera mon Cœur de tes ingratitudes passées. .

« Fais cela, et tu vivras... »

26 *Septembre* 1860. — « O mon enfant, aime-
moi dans les désolations qui si souvent rem-
plissent ton cœur ; j'ai beaucoup souffert pour
les hommes, et les hommes méconnaissent mon
amour !...

« Aime-moi donc pour ceux qui m'outragent !...
aime-moi avec ceux qui m'aiment, et viens puiser
dans mon Cœur l'amour qui doit consumer le
tien !... »

20 *Novembre* 1861, *dans la nuit.* — « Celui qui
me cherche dans la simplicité de son cœur me
trouvera dans la plénitude de mon amour. »

28 *Mars* 1862. — « Les choses de la terre pas-
sent, mais mon amour demeure. »

29 *Mars* 1862 *et* 28 *mai* 1863. — « Que ton
amour, comme une flamme vive et pure, s'élève
sans cesse vers moi !... »

16 *Juillet* 1862. — « Que ton cœur brûle à mes
pieds, comme la lampe du sanctuaire, pour moi
seul, et toujours. »

7 *Septembre* 1862. — « La loi de l'amour, quand

elle est accomplie dans toute son étendue, chasse
la crainte, et initie l'âme aux joies de l'éternité...

« Aie confiance, si tu m'aimes !...

« Je dirai plus : aie confiance, si tu as véritablement le désir de m'aimer... »

11 *Septembre* 1875. — « Aime-moi de toute
l'étendue de ton cœur et de tes forces, et aime le
prochain comme toi-même pour mon amour...

« Mon enfant, tout est là... Car là se trouvent
l'abandon entre mes mains, la soumission entière
à mon bon plaisir, l'abnégation, l'humilité, la
douceur, la patience, le support du prochain,
pour ma gloire et pour mon amour. »

7 *Février* 1879. — « Ma fille, aime-moi, et que
ta bouche chante mes louanges !... aime-moi, et
tes souffrances de toute sorte me deviendront un
hommage, si tu es complètement soumise à ma
volonté ! .. Aime-moi, et la générosité de tes
sacrifices et ton abnégation pour le bien de tes
frères vivants et morts me seront une gloire,... et
je t'aimerai moi-même avec mon cœur d'Ami, de
Sauveur, de Père,.. et au dernier jour de ta vie,
je te recevrai au ciel comme ma fille bien-aimée,

pour te faire participer aux joies de la félicité éternelle... »

Nous laissons de côté quantité d'autres belles sentences se rapportant toujours à l'amour divin.

VII. — TRÈS SAINTE EUCHARISTIE.

13 *Novembre* 1859. — « Si je fais mes délices d'habiter avec les enfants des hommes, je les trouve surtout à résider dans le plus intime de leur cœur !...

« Oh ! heureux celui qui, appréciant le *don de Dieu*, met tous ses soins à préparer ma demeure, à orner mon trône !... Mes regards s'arrêteront sur lui avec amour...

« Mais, ma chère fille, tu seras plus heureuse encore, si, privée de la consolation de ma présence eucharistique, quand ma volonté l'exige, tu ne cherches que ma gloire, et demeures soumise à mon bon plaisir ; c'est alors que je reconnaîtrai que tu m'es vraiment fidèle, et je te marquerai du sceau de mes élus !... »

22 *Août* 1860. — « Mon enfant, tu es ma fille

bien-aimée que j'appelle tous les jours à ma table, et que je nourris du pain des Anges...

« Fortifiée par cette nourriture céleste, unie à moi dans l'Eucharistie, ne devrais-tu pas courir dans les sentiers de mes commandements ?... N'ai-je pas droit d'attendre de toi un amour pur, généreux et constant ?... »

31 *Octobre* 1860. — « Ma fille, une communion bien faite est comme l'investiture du bonheur du ciel...

« Prépare-toi donc avec tout le soin possible à ma visite, afin d'en recueillir tous les fruits...

« Je te convie aux délices de la sainte Table, mais ces délices ne sont que pour les âmes pures...

« Purifie donc ton cœur de ces petites attaches qui le lient encore à la terre... Offre-le-moi par les mains de ma sainte Mère, et je le remplirai... »

17 *Février* 1861. — « Mon enfant, les seules délices sur la terre qui puissent contenter ton cœur se trouvent dans la sainte Communion...

« Ce bonheur de la sainte Communion, je te le donne pour te soutenir et te consoler dans les brisements de la nature, et pour être un avant-

goût des jouissances qui te sont réservées dans le
ciel, si tu m'es fidèle... »

3 *Juin* 1861. — « Ma fille ! tristesse et joie !...

« Tristesse, à cause de l'ingratitude des hommes pour la divine Eucharistie...

« Joie de pouvoir m'offrir tes souffrances pour
les expier... »

27 *Juin* 1862. — « Ma fille, donne-moi ton cœur
et demeure dans mon amour.

« Comme mon Père est en moi, et que je vis
pour mon Père, de même celui qui me mange doit
vivre pour moi... Et nous viendrons en toi, et
nous ferons en toi notre demeure. »

7 *Septembre* 1866. — « Quel lien, ma fille, que
celui qui t'unit à moi dans la divine Eucharistie !... qui t'unit à moi corps à corps, substance à
substance, et qui te fait participer à tous mes trésors de grâces et d'amour !... Oh ! ma fille, ne
perds pas le fruit d'un si grand bienfait !... Que
ton cœur se consume d'amour en ma présence, et
qu'il puise en moi la charité et le dévouement
dont je veux être le principe et la fin !... »

*6 Août 1871. — Calicem salutaris accipiam et
Nomen Domini invocabo!...* (Anniversaire de ma
Première Communion.)

*23 Octobre 1873, à l'Asile, en revenant de la
sainte Table. —* « Ma fille, je veux que tu me
reçoives aujourd'hui comme me reçurent ma
sainte Mère, les saintes femmes et saint Jean, au
jour de ma Résurrection... »

24 Septembre 1875. — « Oui, l'Eucharistie est
la défense de ton corps et de ton âme, le remède
à tous tes maux,... l'antidote céleste contre le
péché, et le gage de la gloire future !... Humilité,
douceur, confiance et charité, et te voilà dans le
chemin du ciel !... » .

VIII. — SACRÉ CŒUR DE JÉSUS.

On rencontre quinze ou vingt fois dans le
Recueil le texte évangélique concernant le Cœur
de Jésus et présenté sous la forme suivante :

« Ma fille, apprends de moi que je suis doux et
humble de cœur, et tu trouveras le repos de ton
âme... »

28 *Juin* 1859. — « Quel repos que celui de saint Jean sur le Cœur de son Maître !... qu'il soit le tien, ma fille !... Approche de ce Cœur, blessé pour t'ouvrir un asile contre les assauts de l'ennemi !... tu y trouveras ta force, ta lumière et ta consolation... Cherche en tout à me plaire, en tout à procurer ma gloire ; dès lors je serai avec toi pendant la vie, et tu seras dans mon royaume durant l'éternité. »

12 *Juillet* 1859. — « Que les agitations de ton esprit ne troublent point ton cœur, ma fille, car toutes les tempêtes suscitées par l'ennemi ne sauraient te nuire, si tu demeures unie à moi, soumise à ma volonté, et ne cherchant que ma gloire...

« Que mon Cœur soit contre ces assauts ton lieu de refuge, de soulagement et de paix !...

« Viens goûter les douceurs de cette solitude qui te fut ouverte sur le Calvaire ; mais te reconnaissant indigne d'une telle faveur, viens-y sous les auspices de ma Mère... C'est sous son égide que je t'ai reçue ; demeures-y, et tu seras agréable à mes yeux... »

20 *Juillet* 1859. — « Monte plus haut, ma fille, approche de mon Cœur !...

« C'est ici que ton cœur trouvera son rafraîchissement et son repos, et que ton âme *sera rajeunie
comme l'aigle* pour courir dans les sentiers de
mes commandements, sans s'effrayer des épines,
des croix, des douleurs réservées à mes bien-aimés
sur la terre. »

Plusieurs des jours suivants, nous lisons :
« Mon enfant, douce paix sur mon Cœur ! »
« Ma fille, doux repos sur mon Cœur ! »

29 *Juillet* 1859. — « Non, ma fille, tu n'es pas
sortie de mon Cœur !... Je te l'ai dit, l'égide de ma
Mère couvrira ta misère, et ses mérites suppléeront à ton indigence. Si je te cache mon visage,
c'est que je veux dégager ton âme de l'alliage qui
l'enveloppe, et te faire vivre de cette vie du pur
amour qui préfère mes intérêts aux siens. »

Réponse de Dieu à l'âme qui s'est humiliée
devant lui :

23 *Février* 1860. — « Oui, indigne de lever les
yeux vers moi, mon enfant, mais chère à mon
Cœur qui t'a aimée jusqu'à la mort de la Croix !...
Approche, ne crains pas... *Entre dans le trou de
la pierre !...* réfugie-toi dans mon Cœur,... asile

où tu trouveras ma sainte Mère et toute la Cour céleste, où tes hommages glorifieront mon Père, et attireront sur les hommes, tes frères, les divines bénédictions... »

15 *Juin* 1860. — « Dans mon Cœur ta lumière, ma fille...

« Dans mon Cœur ta force !

« Dans mon Cœur ta béatitude !...

« Dans mon Cœur ton refuge !

« Dans mon Cœur ton espérance !

« Dans mon Cœur le gage de l'éternel bonheur !... »

6 *Février* 1862. — « Ne crains pas, ma fille, approche de mon Cœur !...

« C'est la fournaise d'amour qui doit réchauffer ton cœur...

« C'est le sanctuaire de charité où tu dois puiser toutes les grâces !...

« C'est la forteresse inexpugnable contre les assauts de tes ennemis !...

« C'est ton repos pour le temps...

« C'est ton bonheur pour l'éternité. »

. . . .

7***

Pendant l'Adoration nocturne. — « Ma fille,
tu es à moi, car je t'ai rachetée à un grand prix...
Mais ne dégénère pas de la qualité de mon enfant... Sois-moi fidèle dans les petites choses
comme dans les grandes,... et je ne me laisserai
pas vaincre en générosité...

1ᵉʳ *Mai* 1867. — « Mon Cœur est ouvert à l'humilité et à l'amour... »

13 *Juillet* 1875. — « Voilà ce Cœur qui a tant
aimé les hommes et qui en est si peu aimé !... »
« Entends cette parole, ma fille, et que ton
cœur, devenu mon trône, soit aussi mon holocauste d'agréable odeur, en souffrant, acceptant et
offrant tout, en union à son Sauveur. »

IX. — « MON ENFANT, DONNE-MOI TON CŒUR. »

6 *Juillet* 1859. — « Ouvre-moi ton cœur, ma fille,
et je le remplirai. Eloignes-en tout ce qui peut
être désagréable à mes yeux, et je m'y complairai
comme dans un lieu de délices... Oh ! si tu connaissais le *don de Dieu*, comme ton cœur brû-
lerait en ma présence ! Comme tu repousserais

toutes les vanités qui entravent les opérations de ma grâce !... Comme tu jetterais dans mon sein tous tes désirs pour la terre, et toutes tes espérances pour l'éternité ! »

9 *Septembre* 1860 *et plusieurs autres fois.* — « Ma bien-aimée fille, ton cœur sans réserve, ton cœur sans partage, ton cœur pour jamais ! purifie-le, orne-le, car je veux y faire ma demeure... »

13 *Novembre* 1860. — « Oui, ma fille, me voici... Je viens à ta voix suppliante. Ouvre-moi ton cœur, vide-le des créatures... Remarque bien cette parole : « vide-le des créatures ». Alors j'en remplirai toute la capacité... Et avec moi la paix, la joie du Saint-Esprit, au milieu des tribulations de la vie humaine. Avec moi le gage de l'éternel bonheur. »

22 *Octobre* 1861. — « Ma fille, rien de profane dans ton cœur !... rien de vain !... rien d'inutile !... Je veux ce cœur tout entier,... mais je le veux façonné à ma ressemblance... Je le veux déchiré, broyé par le malheur, pour le combler de mes dons, pour l'enrichir de mes grâces, pour l'élever jusqu'à moi... »

1ᵉʳ *Mai* 1862. - « Je veux ton cœur ! Elève-le jusqu'à moi pour te reposer sur mon Cœur !... Offre-le-moi par les mains de ma Mère... Je ne le veux que pour le rendre heureux. C'est en moi qu'il trouvera son repos, sa consolation, son bonheur suprême... »

2 *Mai* 1862. — « Ma fille, je veux que, s'élevant au-dessus de toutes les choses de la terre, ton cœur ne se repose plus qu'en moi, car l'appui qu'on attend des créatures est vain ; lors même qu'elles adoucissent ta souffrance, ce n'est que par une émanation de la charité de mon Cœur... Or, tu en trouveras en moi la plénitude. »

X. — LA CROIX.

26 *Juillet* 1859. — « Ma fille, si tu m'aimes de toute l'étendue de ton cœur, tu aimeras avec moi ma croix,... tu la porteras tous les jours de ta vie, et je te reconnaîtrai au dernier jour. »

18 *Novembre* 1860. — « L'ignominie de ma croix est pénible à la nature ; mais elle est chère

à mes fidèles serviteurs, chez qui la nature est domptée par la grâce...

« Il faut, ma fille, que tu l'embrasses avec amour... Il faut que tu la reçoives avec actions de grâces, quand il me plaira de t'en faire part. »

7 Décembre 1860. — « Ma bien-aimée fille, le calice de ma Passion pour prix de mon amour !... »

28 Janvier 1861. — « L'honneur de marcher à ma suite doit compenser toutes tes douleurs, et adoucir tous tes sacrifices.

La croix est le partage de mes meilleurs amis... Teinte de mon sang, enrichie de mes grâces, elle devient le gage de l'éternel bonheur... Je te l'offre, ma fille, prends-la avec amour... »

26 Février 1861. — « Une larme d'amour efface bien des misères, quand elle coule au pied de ma croix, et qu'elle se mêle au sang qui jaillit de mes plaies pour le salut du monde. »

17 Juin 1861. — « Le disciple n'est pas au-dessus du Maître...

« Parce que tu es mon amie, je te charge de ma croix... Je t'appelle à ma suite dans la voie

douloureuse qui doit te conduire à la béatitude
éternelle. »

4 *Septembre* 1861. — « C'est par la croix que te
viendra le salut, ma pauvre fille ! »

. . . .

O saintes voies de la Croix, que vous êtes
belles !... que vous êtes pures !... Comme mon
regard s'arrête sur vous avec amour !...

21 *Mars* 1862, *et plusieurs autres jours.* —
« Dans mes plaies ton refuge, mon enfant...
Dans mes plaies ta force, ton espérance et ta
consolation. »

17 *Octobre* 1862. — « La croix est l'héritage, le
gage, l'espérance, l'amour de mes élus. »

3 *Janvier* 1860. — « Avec ma croix ma grâce,
ô mon enfant !...

« Avec les clous et les épines ma force...

« Avec mon sang qui coule sur ton âme, le gage
de l'éternel bonheur. »

17 *Mars* 1862 *et* 27 *mai* 1863. — « Ma croix,
espérance et salut des chrétiens : voilà le don de
mon amour.

« Accepte,.... adore,... prie et offre... Et l'abondance de mes bénédictions se répandra sur ton âme, pour le temps et pour l'éternité... »

3 Juillet 1862. — « *Je suis la voie, la vérité et la vie !...*

« Ma fille, suis-moi... Mais suis-moi au Calvaire ; car l'amour est plus fort que la mort... »

4 Juillet 1862. — « La loi de l'amour succède à la loi de la crainte, et c'est au pied de la Croix, ma fille, que tu en recueilleras le fruit... »

7 Avril 1861. — « Triste, bien triste est le sort de celui qui s'écarte des voies du salut ; mais heureux, mille fois heureux celui qui, chargé de sa croix, gravit la montagne du Calvaire. Car ma vérité le délivrera des pièges de l'ennemi !... ma droite soutiendra sa faiblesse, et mon ciel couronnera ses travaux... »

22 Janvier 1873. — « Heureux celui qui me suit dans la voie douloureuse, montant au Calvaire, et portant sa croix, en la compagnie de ma sainte Mère, de mes Anges et de mes Saints !...

« Comme mon regard s'abaisse sur lui avec

amour !... Comme il l'éclaire et le fortifie !...
Comme il le console dans la souffrance, en
attendant le jour où je le recevrai dans mes bras,
pour l'introduire au séjour des élus !... »

12 *Octobre* 1873. — « O ma fille, que la croix
semble belle à qui la contemple dans un esprit
de foi et d'amour !... Qu'elle est précieuse à celui
qui la porte en union avec moi, pour la gloire de
mon Père et pour le salut de ses frères, en
compagnie de ma sainte Mère, de mes Anges et
de mes Saints !...

« Que ce bonheur soit le tien, ma fille, et mes
regards s'arrêteront sur toi ici-bas, et je te reconnaîtrai au dernier jour... »

XI. — SACRIFICE ET IMMOLATION.

8 *Août* 1859. — « Ma volonté est que tu sois
une victime immolée en ma présence...

« Je t'appelle dans la voie que j'ai suivie moi-
même, et qu'ont suivie ma sainte Mère et les
Saints...

« Marches-y avec courage,... nous serons avec
toi... »

8 *Novembre* 1859. — « C'est dans l'épreuve que je reconnais mes véritables amis... C'est sous le poids de la croix que se pratiquent les plus sublimes vertus... Courage, ma chère fille, car tu es dans la voie où je conduis mes Saints !...

« Voie crucifiante, voie pénible à la nature, mais pleine d'abondants fruits de salut... Voie étroite et épineuse, mais où ma présence aplanit toutes les difficultés, et dont l'issue se trouve aux portes du Paradis... »

8 *Décembre* 1859. — « La foule s'égaie et me fuit !...

« Je veux que tu gémisses et que tu pleures en réparation de ses égarements. Je veux que tu t'offres en holocauste...

« Si ton immolation est entière, si elle est unie à ce que j'ai souffert pour toi, oh ! ma fille, que de bénédictions se répandront sur ton âme !... »

3 *Avril* 1860. — « Qu'il y a de douceur, ma chère fille, à s'immoler pour ceux qu'on aime !...

« Immole-toi, mon enfant, pour ma gloire et mon amour...

« Immole-toi pour le salut et le soulagement de

tes frères, et tu trouveras dans ton union avec moi un dédommagement à tous tes sacrifices... »

16 *Juillet* 1860. — « Ma fille, un jour viendra où l'amertume que tu souffres maintenant avec tant de peine te semblera plus précieuse que toutes les joies de la terre...

« Un jour viendra que tu béniras ma Providence des angoisses de ta vie.

« Un jour viendra que tu reconnaîtras l'amour de préférence qui te conduisit dans la voie douloureuse dès tes premiers ans...

« Courage donc, ma bien-aimée fille, encore quelques jours de combats, encore quelques jours de souffrances, et tu entreras dans l'éternel repos. »

19-23-27 *Juillet* — 12-13-17-23-24-31 *Août* — 2-4-12-16-25 *Septembre* 1860 : Lumières divines toujours sur le sacrifice et l'immolation.

24 *Février* 1861. — « Ma fille, au jour de la mort, ce calice amer, dont tu m'auras offert le généreux sacrifice, t'apparaîtra tout resplendissant de gloire, et cette gloire se répandra sur ton âme, si tu persévères dans mon amour... »

16 *Septembre* et 12 *Octobre* 1862, à quelques expressions près. — « Vertu sublime que le dévouement entier aux intérêts de mon Père,... que l'abnégation, l'immolation pour tous... Vertu des prédestinés !... vertu que j'honore de mon amour !... vertu dont je t'ai donné l'exemple, afin que tu marches sur mes traces... »

4 *Avril* 1862, *dans la nuit.* — « Je veux que tu sois une victime de pénitence pour les pécheurs. »

23 *Juillet* 1862, *le soir.* — « Mes desseins sur toi sont que tu souffres, que tu t'immoles, que tu te perdes en moi, pour ne plus te souvenir de toi-même, pour ne plus vivre que de ma vie, ne plus respirer que mon amour...

« Oui, ma fille, ne plus vivre que de ma vie, ne plus respirer que mon amour ; c'est-à-dire tout faire en union avec moi, pour la gloire de mon Père. »

A diverses reprises, on lit ces simples mots :
« Souffre, prie et espère !!! »

Les Notes sur l'immolation, le sacrifice et la souffrance se trouvent en quantité considérable ;

beaucoup reproduisent en substance la même pensée. Sans insister outre mesure, il sera cependant opportun de grouper dans un article à part les principales maximes qui avaient pour effet de soutenir la victime du Christ dans ses douleurs.

XII. — SOUFFRANCE CHRÉTIENNE.

11 *Juillet* 1859. — « La douleur de la terre prépare les joies de la patrie... Supportée chrétiennement pour mon amour, elle attire mes regards bienveillants et miséricordieux. Unie à mes souffrances sur le Calvaire, aux douleurs de Marie au pied de la croix, et aux souffrances qu'ont endurées les Saints, elle me procure une grande gloire ; elle soulage les âmes du Purgatoire à qui elle est appliquée, et obtient des grâces de salut pour les pécheurs. »

11 *Septembre* 1859. — « Il y a, dans la souffrance chrétienne, grande consolation à penser qu'on marche sur mes traces, qu'on s'immole avec moi et qu'on procure ma gloire.

« Que ta souffrance, ma fille, ait toutes ces qualités... Reçois-la avec amour, unis-la au sacrifice que j'offris sur le Calvaire, et estime-toi heureuse d'avoir été trouvée digne de ce trait de ressemblance avec ton divin Sauveur. »

11 *Mai* 1861. — « O ma fille, que de trésors cachés dans la souffrance acceptée avec amour et en union avec moi ! »

10 *Novembre* 1861. — « La souffrance épure le cœur, elle le sanctifie, elle le détache des choses de la terre pour l'élever jusqu'à Celui qui châtie dans sa miséricorde, et récompense dans son amour. »

28 *Juin* 1862. — « L'initiative de la souffrance est la marque d'une âme grande et généreuse ; mais l'humble acceptation de la croix n'a pas moins de prix à mes yeux : le royaume du ciel est promis à la constance. »

11 *Février* 1867. — « Bois l'amertume à longs traits, ma fille ; c'est une marque de ressemblance avec moi que te réservait mon amour. »

4 *Avril* 1869. — « Les joies de la terre sont courtes, et sans profit pour le ciel, si elles ne sont sanctifiées par ma grâce.

« Mais la souffrance est la richesse du pauvre :
son mérite est surabondant pour le ciel, quand
elle est acceptée en union avec moi, pour ma
gloire et pour mon amour. »

3 *Septembre* 1871. — « L'épreuve est l'ai-
guillon de l'amour... »

18 *Juillet* 1877. — « Tristesses ! perles précieuses, si elles sont unies aux douleurs que j'ai
supportées pour le salut des hommes... Gage de
bonheur éternel pour l'âme fidèle qui me suit
avec amour dans la voie douloureuse, jusqu'au
dernier soupir. »

20 *Mars* 1880. — « Ma fille, je tends la main
à ta misère, saisis-la avec empressement ; puis,
reçois ce que je te donne, car c'est pour ta
sanctification...

« Si le travail te fait peur, que la récompense
t'encourage... Mais je dirai plus, mon enfant :
presse ma croix sur ton cœur, souffre avec amour
pour Celui qui t'a aimée jusqu'à la mort de la
croix ! »

XIII. — LES AUSPICES DE MARIE, DES ANGES ET DES SAINTS.

16 *Septembre* 1859. — « Oui, ma fille, viens sous les auspices de ma Mère, et je te recevrai dans une très douce intimité.

« Mais ne te rends pas indigne de sa protection par ta résistance à la grâce.

« Sous son égide tu trouveras la paix, l'espérance et l'amour... »

8 *Octobre* 1859. — « Des bras de ma Mère viens sur mon Cœur, mon enfant ; là tu trouveras ton soulagement et ton repos. Mais n'en sors plus pour chercher ta consolation ailleurs... Tes souffrances, en quelque sorte divinisées, t'y prépareront les joies éternelles. »

9 *Octobre* 1859. — « Tu m'appelles au nom de ma Mère et je viens, pour t'aider à supporter le temps de l'épreuve ; pour relever ton espérance et consoler ton cœur... »

21 *Octobre* 1860. — « Quelle sera la durée de ton exil ? Mon enfant, tu n'en sais rien... Ce que

tu sais bien, c'est qu'elle ne sera qu'un point par rapport à ton éternité... Eternité de bonheur !.. éternité de délices !.. éternité de la possession du souverain Bien, si tu reçois ma croix avec amour, si tu la portes avec courage, en ma compagnie et en celle de ma sainte Mère, de mes Anges et de mes Saints... Ta croix est lourde, mais mon secours t'a-t-il jamais fait défaut ? Ne suis-je pas avec toi, moi ton Père, ton ami, ton Sauveur ? Ma Mère n'est-elle pas ta mère ? mes Anges ne sont-ils pas tes défenseurs ? mes Saints, tes amis ? »

31 *Octobre* 1860. — « L'étoile du matin réjouit le voyageur attardé. Elle le guide, et ranime son courage pour marcher à grands pas vers le terme de sa route.

« Mon enfant, n'es-tu pas ce voyageur, attardé par mille petits riens dans le chemin de la vertu ? Lève les yeux au ciel ! Cherches-y ma sainte Mère, cette étoile tutélaire, dont l'éclat si brillant et si doux réjouira ton cœur, ranimera ton espérance, excitera ton courage, pour t'immoler sans réserve à ma gloire et à mon bon plaisir. »

8 *Juin* 1861. — « L'identité de sentiments avec

ma sainte Mère est le moyen le plus sûr de te rendre agréable à mes yeux...

« Tiens-toi donc en sa compagnie, marchant côte à côte avec elle, comme un enfant faible et chancelant qui cherche l'appui de sa mère... Elle guidera tes pas dans les voies du salut, elle en aplanira les difficultés, elle te conduira à mon Cœur... »

7 *Août* — 27 *Septembre* — 6 *Décembre* 1861. — « Ma fille ! voilà ta mère » (sur le Calvaire). « Voilà ton frère et tes sœurs ! «(S. Jean et les saintes femmes). « Tiens-toi en leur sainte compagnie ! Sois-leur dévouée jusqu'à la mort, et tu les retrouveras au ciel... Aime-moi avec eux !... loue-moi avec eux !... immole-toi avec eux, pour la gloire de mon Père et le salut des pécheurs ! »

11 *Février* 1862 — « Mon enfant de prédilection, ma fille portant sa croix et me suivant au Calvaire, corresponds à mon amour... Tiens-toi en compagnie de ma Mère, de Jean, de Madeleine et des saintes femmes qui m'assistèrent dans les douleurs de ma Passion. »

2 *Octobre* 1875. — « Aime-moi avec la sainte

Vierge, avec les Anges et avec les Saints!.. et ta louange sera agréable à mon oreille et chère à mon cœur. Leurs mérites suppléeront à ta misère, si tu veux fermement, avec le secours de ma grâce, correspondre à mon amour... »

XIV. — L'HUMILITÉ.

25 *Juin* 1859. — « L'humilité est chère à mon Cœur... Sois humble, ma fille, et tes actions seront agréables à mes yeux. »

15 *Juillet* 1860. — « Oh! ma fille, qu'il y a de grandeur dans l'abaissement accepté avec amour pour ma gloire!

« Comme l'âme ainsi humiliée en ma présence attire mes regards bienveillants et miséricordieux! Comme le cœur s'élargit pour recevoir l'impression de ma grâce! Et comme ma présence remplit et sanctifie ce cœur ainsi dilaté! »

6 *Avril* 1861. — « Ma fille, l'humilité! encore l'humilité! toujours l'humilité! si tu veux me plaire. »

17 *Avril* 1861. — « Mon enfant, l'humilité fleurit dans l'humiliation, et son parfum s'élève jusqu'à mon trône. »

26 *Mai* 1861. — « L'humilité est la compagne fidèle de la douceur, de la patience, de la résignation et de l'amour ; car ces vertus sont, comme elle, des émanations de mon Cœur.

« Qu'elles te soient chères, mon enfant! que ta vie s'y conforme ! et ma bénédiction t'accompagnera sur la terre, et au ciel tu en recueilleras le prix. »

Bon nombre de sentences sur l'humilité commencent par ces mots : *L'humble aveu de ta misère*, et se poursuivent avec des variantes diverses. On en trouvera plusieurs ci-dessous.

15 *Juin* 1861. — « Ma fille, l'humble aveu de ta misère, joint à l'espérance de ma grâce, produira dans ton âme la confiance et la paix ; car j'aime à répandre l'abondance de mes bénédictions sur les vases que je trouve vides, et purifiés par l'humilité. »

10 *Juillet* 1861. — « L'humble aveu de ta misère te préservera des artifices de l'ennemi,... et si tu

demeures le front dans la poussière, ma grâce t'accompagnera ; elle élèvera ton cœur jusqu'à moi. »

12 *Juillet* 1861. — « Ma fille, l'humilité dans l'humiliation touche plus mon Cœur que les protestations les plus affectueuses de fidélité au temps de la prospérité. »

8 *Août* 1861. — « Sois humble, simple et pure, si tu veux trouver l'accès de mon Cœur. »

13 *Septembre* 1861. — « L'humilité est le fondement de toute perfection... Elle est la compagne de toute vertu solide... Elle est chère à mon Cœur... Elle couvrira ta misère, et attirera sur toi mon regard bienveillant et miséricordieux. »

19 *Mars* 1862. — « L'humble connaissance de soi-même ne trouble point l'âme ; mais elle lui apprend à se défier d'elle-même, et à se confier à moi avec amour. »

5 *Juin* 1862. — « L'humiliation, l'isolement du cœur : voilà le moment favorable pour jeter dans ton âme les fondements d'une vertu solide. »

30 *Septembre* 1862. — « L'humiliation est la pierre de touche de l'humilité. »

15 *Avril* 1867. — « J'établis l'édifice spirituel sur le *rien* qui ne cherche que ma gloire...

« Or, ma fille, ce *rien*, c'est le cœur humble et soumis qui reçoit tout de ma main. »

20 *Août* 1868. — « J'aime l'humilité et la douceur, compagnes de la charité, et je me plais dans le cœur dont elles font l'ornement... Mon enfant, que ce cœur soit le tien. »

Décembre 1868. — « Viens, mais avec humilité, douceur et confiance. »

. . . .

Dans un moment d'inquiétude. — « Humilie-toi ! espère... et viens ! »

11 *Février* 1874. — « L'humilité est la gardienne de toutes les vertus. »

22 *Août* 1877. — « Ma fille, sois comme la petite violette... Le bien que je dépose dans ton cœur, couvre-le des feuilles de l'humilité, et ne le répands que pour ma seule gloire et l'avantage de tes frères.

29 *Janvier* 1878. — « Tu t'es humiliée, et je t'ai bénie ! »

23 *Avril* 1883. — « Humble dans tes pensées ; humble dans tes paroles, sans affectation aucune ; humble dans tes œuvres, sous mon regard, comme il convient à ta misère, qui reçoit et doit tout attendre de moi...

« Douce dans tes rapports avec le prochain, pour ma gloire et pour mon amour : voilà le secret de gagner mon Cœur et d'attirer ma bénédiction. »

XV. — DOUCEUR, SIMPLICITÉ, DROITURE, PURETÉ D'INTENTION.

29 *Mai et* 4 *Juin* 1860, à quelques expressions près. — « Dans la douceur se trouve un charme qui attire et qui gagne les cœurs... Sois douce, ma fille, et tu plairas à mes yeux ; mais sois douce surtout parce que je te le commande. »

26 *Juillet* 1860. — « Oh ! combien m'est agréable la pureté d'intention !... Sans elle, mon enfant, rien ne saurait me plaire, et la peine que tu prendrais serait sans profit pour ton âme... Avec elle, au contraire, ma grâce sanctifie tout... »

11 *Août* 1860. — « Ma bien-aimée fille, la simplicité et la droiture de cœur rapprocheront mon Cœur du tien, et t'introduiront dans ma plus douce intimité... »

12 *Septembre* 1860. — « Que l'œil simple de ton intention ne s'arrête que sur moi!... Que ton cœur, comme une lampe ardente, se consume d'amour en ma présence !... Que les forces de ton corps soient employées à mon service!... Que les souffrances de ton corps et de ton âme soient devant moi comme un encens d'agréable odeur, et ma voix se fera entendre à ton oreille, et mon amour se fera sentir à ton cœur... »

14 *Février* 1861. — « *Le Seigneur a entendu la prière du pauvre ; il a vu la préparation de son cœur.*

« Ma fille, si tu marches en ma présence, avec simplicité et droiture de cœur, j'entendrai tes vœux, et je les exaucerai dans ma miséricorde,... et ceux pour qui tu pries seront comblés des biens de ma maison... »

9-11 *Octobre* 1861. — « Ma fille, purifie l'œil de ton ntention !... qu'il soit simple et droit !... et tes actions les plus communes deviendront d'un grand prix à mes yeux... »

23 *Août* 1862. — « L'âme a deux ailes pour s'élever jusqu'à moi, la simplicité et la pureté...

« Avec leur secours, elle me trouve et me possède ; sans elles, elle demeure dans sa bassesse, dépourvue de vigueur et de mérites pour le ciel. »

20 *Octobre* 1862. — « Sois simple, candide et pure, comme il sied à une vierge qui m'est consacrée...

« Mais souviens-toi, ma fille, que par toi-même tu ne peux rien,... tu n'es que faiblesse et misère, tu ne trouveras qu'en moi des trésors pour enrichir ta pauvreté. »

18 *Décembre* 1866. — « L'œil simple et droit de ton intention percera les cieux, portera jusqu'à moi les soupirs de ton cœur, et fera jaillir de mon Cœur des flots de bénédictions et de grâces... »

12 *Juillet* 1875. — L'humilité, la douceur, la charité, vertus chères à mon Cœur!... Si dans ton union avec moi tu les pratiques jusqu'au dernier soupir, elles te conduiront au ciel... »

XVI. — LE CŒUR PUR. — JOIES ATTACHÉES AU SERVICE DE DIEU.

7-23 *Janvier* 1860. — « O ma fille, que de joie, que de douceur à mon service, pour le cœur pur !...

« Ne cherche que moi, et je remplirai tous les désirs de ton cœur. »

16 *Janvier* 1860. — « C'est le propre d'un cœur pur de me chercher toujours... Au cœur pur est promise la possession éternelle de Dieu... »

10 *Mars* 1860. — « La douceur de mon joug dédommage des sacrifices qu'il impose, et ma croix est légère à qui la porte avec amour...

« Ainsi donc, joie à mon service !... joie dans l'épreuve !... joie dans la consolation !... joie dans l'immolation, qui glorifie mon Père, console mon Cœur, et te prépare les jouissances de l'éternité. »

24 *Mars* 1860. — La douce paix du ciel, ma fille, est le partage des cœurs purs...

« Les cœurs purs sont pour moi comme un lieu de délices où j'aime à me reposer... »

23 *Mai* 1860. — « La joie de la bonne conscience calme tous les déplaisirs, console de toutes
les injustices...

« Elle fait trouver en moi l'espérance et la paix,
cette paix qui surpasse tout sentiment, et à
laquelle toutes les joies de la terre ne sauraient
être comparées... »

21 *Août* 1860. — « Mon enfant, les joies spirituelles dédommagent de tous les sacrifices ; elles
adoucissent toutes les amertumes ; mais tu ne dois
pas y attacher ton cœur... »

« Il viendra des jours, et ces jours te sont réser-
vés par ma miséricorde pour épurer ton âme et
éprouver ton cœur, il viendra des jours où je te
cacherai mon visage, et ton cœur se remplira de
tristesse... Que feras-tu alors ?... Oh ! ma fille,
bien loin de toi le découragement ; car ma présence invisible soutiendra ta faiblesse, affermira
ton âme, si, confiante en mon secours, tu persévères dans la pratique de toutes les vertus, et mon
amour couronnera tes combats. . »

8 *Octobre* 1860. — « Le cœur pur est chéri de
Dieu et des Anges ; il a aussi la protection de la

Reine des vierges... Il faut, ma fille, que le tien ait cet honneur... »

17 *Octobre* 1860. — « La tristesse n'est point l'apanage de mon serviteur fidèle... Les douleurs, les tribulations qu'il accepte pour mon amour ne sauraient troubler la paix de son cœur ; avec cette paix se trouvent la joie et la consolation célestes. »

2 *Février* 1861. — « La joie de me plaire au milieu de la tribulation calme les révoltes de la nature, et adoucit l'amertume de la douleur... »

« Mais cette joie, qui ne peut venir que de moi, est le partage seulement des cœurs purs, qui me cherchent uniquement en toute chose... »

2 *Décembre* 1861. — « Ma bien-aimée fille, au cœur pur ma parole !... au cœur pur mon amour de prédilection !... »

XVII. — LA PAIX !

25 *Avril* 1859. — « Paix, douceur, humilité, union divine, confiance et amour !... » (*Bien des fois.*)

17 *Mai* 1859. — « La paix se trouve dans l'acquiescement entier à ma volonté,... dans le zèle bien réglé pour les intérêts de ma gloire,... dans le support du prochain pour l'amour de moi,.. dans la douceur et dans l'humilité... »

18 *Juillet* 1859. — « La paix de l'âme adoucit toutes les douleurs. « *Gloire à Dieu au plus haut des cieux, et paix aux hommes de bonne volonté sur la terre.*

« Que ta volonté soit en tout soumise à la mienne, ma fille; que ta correspondance à ma grâce ne connaisse plus de bornes, et, dans ton affliction, tu goûteras cette paix de la bonne conscience, qui surpasse tout sentiment, qui tient prêt à tout événement, qui fait de la mort un délicieux sommeil dont le réveil est dans la bienheureuse éternité... »

11 *Mars* 1860. — « La paix du ciel ne se possède pas sans combat.

« Combats donc avec courage, ma chère fille, si tu veux acquérir cette paix promise aux hommes de bonne volonté...

« Combats avec foi !... combats avec espérance !... combats avec amour !...

« Avec foi, parce que la Parole éternelle t'apprend que le royaume des cieux souffre violence...

« Avec espérance, parce que je suis avec celui qui attend de moi tout son secours...

« Avec amour, parce que j'ai vaincu le monde au prix de mes douleurs et que je t'ai aimée jusqu'à la mort de la croix... »

8 *Avril* 1860. — « La douce paix du ciel est le partage de ceux qui ne cherchent que Dieu...

« Que ce soit le tien, ma fille, toi que j'ai appelée dès ton enfance et que j'ai comblée de mes grâces, toi que je nourris de ma chair et de mon sang, et que j'ai admise au nombre de mes épouses...

« Que la terre, et tout ce qu'elle renferme, n'attache donc plus ton cœur!... Demeure unie à moi, et tu participeras à tous les biens de ma maison... »

17 *Septembre* 1860. — « La paix du ciel promise aux hommes de bonne volonté sera le partage de ton cœur, s'il demeure soumis à ma volonté, au milieu des déchirements de la nature...

« Remarque, ma fille, que j'ai dit *au milieu des*

déchirements de la nature ; car la vie de l'homme sur la terre est un combat... Sa couche y est souvent baignée de ses larmes, et son front couvert de sueur par les labeurs du jour... Mais cette paix du ciel compense tout, adoucit tout ; et ses fruits précieux, en fortifiant l'âme fidèle, la préparent et l'initient aux joies sans mélange de l'éternité... »

Les communications célestes des trois jours suivants sont toujours à « la douce paix du ciel ». Il en est généralement ainsi durant plusieurs semaines. Bornons nos citations aux plus saisissantes.

20 *Octobre* 1860. — « La paix céleste dans l'orage...

« La paix céleste dans les labeurs...

« La paix céleste dans les souffrances de tout genre.

« La paix céleste dans la joie...

« Voilà, ma fille, le bonheur que tu dois ambitionner sur la terre ; voilà celui que te réserve ma miséricorde, si tu m'es fidèle en toute chose... »

1870. — « La paix avec ton Dieu !

« La paix avec ton prochain !

« La paix avec toi-même !... par l'entier abandon entre mes mains,... par le désir souverain de ma gloire et de mon bon plaisir. »

La sentence du 27 mai 1875 peut être regardée comme un développement de la précédente.

« Ma fille !...

« La paix !... la paix !... la paix !...

« La paix avec Dieu, par l'entier acquiescement à mes ordres, et l'accomplissement de ma volonté.

« La paix avec le prochain, par une indulgence bonne et compatissante, mais sans faiblesse et sans détriment du devoir, pour ma gloire et pour mon amour...

« La paix avec toi-même, par une grande vigilance sur ton cœur, une grande union avec moi, et un complet abandon à mon bon plaisir... »

Autre développement.

24 *Avril* 1881. — « La paix ! — « Médite bien cette parole, ma fille, médite-la dans toute son étendue, et garde-la dans ton cœur !...

« La paix dans ton union avec moi, car je suis ton Sauveur.

« La paix dans tes rapports avec le prochain, car je dois en être le principe et la fin.

« La paix dans l'adversité, dans la souffrance ; car mes desseins sur toi ne sont que miséricorde et amour.

« La paix dans les assauts que te livre l'ennemi du salut ; car je suis avec toi pour soutenir ta faiblesse et déjouer ses ruses, si dans ta misère extrême tu te confies en mon tout-puissant se-cours...

« Si tu persévères dans cette voie jusqu'au dernier soupir, je t'introduirai au séjour de la paix, qui est l'éternelle félicité. »

XVIII. — « SURSUM CORDA ».

Dans ce paragraphe sont réunies diverses Notes ayant pour objet spécial de dégager l'âme de toute attache terrestre, pour l'élever au désir des biens éternels.

Nous avons le regret de laisser de côté une foule de très belles pensées.

11 *Juin* 1859. — « Qu'il m'est doux de voir une âme, se livrant tout entière à l'Esprit-Saint,

rejeter la terre pour chercher le ciel ; se défier
d'elle-même pour se confier en moi !...

« Oh ! comme une éternité de bonheur la dé-
dommagera bien des sacrifices qu'elle fait pour
ma gloire ! »

26 *Mars et* 21 *Juin* 1860, avec quelques variantes. — « Ma bien-aimée fille, la figure du
monde passe et n'est pas digne d'arrêter tes regards. Fixe-les sur le souverain Bien. C'est au ciel
que doit se reposer ton cœur... C'est vers le ciel
qu'il doit prendre son essor... Sur la terre, ma
croix,... au ciel, ta récompense. »

17 *Août* 1860. — « Les jours de larmes dans
l'exil !... les jours de joie dans la patrie. »

20 *Août* 1860. — « Mon enfant, un jour viendra
où le voile qui me dérobe à tes yeux se déchirera,
et tombera pour toujours, afin de te laisser voir
mon visage.

« Un jour viendra où ton esprit, si souvent in-
quiet, trouvera en moi son éternel repos...

« Un jour viendra où ton cœur, triste et désolé
sur la terre, jouira en moi d'une félicité sans fin...

« Un jour viendra où ton âme, parée d'une

éternelle jeunesse, goûtera dans mon sein d'ineffables douceurs...

« Courage donc dans l'épreuve, car c'est par beaucoup de tribulations qu'on arrive au royaume des cieux. »

9 *Novembre* 1860. — « Ma fille, je suis le repos éternel des Saints...

« Au ciel, la dilection, la joie, les douceurs inénarrables...

« Sur la terre, lieu de probation, la sainte espérance, l'humble soumission, le filial abandon entre mes mains... »

4 *Décembre* 1860. —« Que sont toutes les choses de la terre, ma fille, si tu regardes le ciel ? Vent et fumée, qui ne sauraient satisfaire ton cœur, et l'établir dans la joie, si tu ne les fais servir à ma gloire et à ton salut... »

19 *Décembre* 1860 *et autres jours.* — « Les peines si courtes, si passagères de cette vie,... une douleur supportée pour mon amour,... un premier mouvement réprimé pour ma gloire, produisent au ciel un poids immense de félicité... »

3 *Janvier* 1861. — « L'aile de la colombe fend les airs, et son gémissement arrive jusqu'à mon oreille... Ainsi en est-il de l'âme fidèle. Son cœur, qui tend incessamment à moi, ne cherchant plus de consolation sur la terre, s'élève vers le ciel, où il trouve sa joie, son bonheur, son unique bien... »

9-21 *Juillet* 1861. — « Ma fille, rien pour la terre!... tout pour le ciel!... tout pour ton Bien-Aimé!... »

Le 12 et le 27 août; le 8, le 23, le 26 septembre 1861; plusieurs autres jours encore, nous offrent de beaux développements de la même pensée.

« Rien sur la terre, ma fille, ne peut remplir ton cœur!. . Vers le ciel tes désirs!... vers le ciel tes espérances!... De là te viendront tous les biens!... De là tu recevras secours, assistance, joie et bonheur. »

« Ma fille, rien pour la terre où tout passe, où tu passeras toi-même comme la fleur du foin !. .

« Tout pour le ciel, où tout demeure en ma présence, pour le bien de mes élus !...

30 *Avril* 1862. — « Peu importe, ma fille, qu'un

fil ou une chaîne te tienne attachée à la terre, si ce
fil ou cette chaîne arrête ton essor vers le ciel... »

27 *Novembre* 1862. — « Je veux, ma fille, que
là où je suis, tu sois aussi... Or je t'attends au
ciel ! Mais il faut courir avec ardeur pour rem-
porter le prix... Aux victorieux seuls, la palme
du triomphe !... »

17 *Juillet* 1881. — « Le terme approche ! hâte-
toi, ma fille, de mettre le sceau de la perfection à
tes œuvres.

« Rien pour la terre !... tout pour le ciel, tout
pour mon bon plaisir, pour ma gloire et pour le
salut des âmes... »

29 *Octobre* 1882. — « Ton regard au ciel !...
ton espérance en moi !... L'Eucharistie, ta force,
pour t'immoler avec moi sans réserve !.. et le ciel
en sera le prix. »

XIX. — PENSÉES DÉTACHÉES.

20 *Janvier* 1860. — « C'est dans la solitude de
l'âme que je me communique, ma chère fille, et
cette solitude existe au milieu même des emplois

extérieurs que ma Providence ménage comme
épreuve à mes élus, dans cette vallée de larmes...
Les objets du dehors que tu n'as point recherchés
ne doivent point te troubler... Elève ton cœur vers
le céleste Epoux, et tu seras remplie de sa présence... »

6 *Mai* 1860. — « L'indignation pour les fautes
d'autrui ne doit point pénétrer ton cœur, mon
enfant ; mais tu dois gémir en face des autels, ré-
parant autant que tu le peux l'offense que j'en
reçois, et reconnaissant que, sans la main puissante qui soutient ta faiblesse, tu tomberais toi-
même dans les désordres que tu déplores... Sois
reconnaissante de mon secours, ma chère fille ;
prie pour ceux qui s'égarent, et immole-toi pour
tous .. »

9 *Juin* 1860. — « Les douceurs, les consolations
de la vie spirituelle aident à en supporter les
épreuves ; mais c'est un don gratuit que je puis te
retirer, ma fille, sans pour cela t'enlever mon
amour...

« Si je te cache la beauté de mon visage, je te
laisse les fruits de mes labeurs pour te fortifier ;

et si tu m'es fidèle, tu en recevras la récompense
au jour de la rémunération... »

15 *Avril* 1861. — « Ma fille, la lampe qui brûle
dans le sanctuaire doit être l'image de ton cœur... »

5 *Mai* 1861. — « Le soleil, la lune, les étoiles
du firmament annoncent ma gloire, célèbrent mes
louanges ; toutes les créatures inanimées publient
ma grandeur,... et l'homme, créé à mon image et à
ma ressemblance, me méconnaît et m'outrage !...
Pleure, ma fille, en face des autels, et que ton
immolation soit entière ; car une grande iniquité
couvre le monde... »

18 *Juin* 1861. — « L'hilarité des pécheurs n'est
que pure feinte, et la joie des heureux du siècle
ne remplit pas leur cœur...

« A l'âme fidèle qui porte sa croix avec courage
et me consacre sa vie, les joies ineffables de l'a-
mour divin, qui épure, vivifie, sanctifie, élève et
rassasie le cœur... »

14 *Juillet* 1861, seule maxime du Recueil adressée au pluriel. — « Mes enfants, mes amis, mettez
en moi toute votre joie, tout votre bonheur. Cher-

chez, en tout et toujours, à procurer ma gloire, et je serai avec vous dans la tribulation... Je remplirai votre cœur d'une force divine qui vous fera triompher de l'astuce de l'ennemi... »

12 *Décembre* 1861, *chapelle de la Salette, à Nantes.* — Cette Note entre brusquement en matière, et semble une réponse à l'offrande faite par Victorine Bessard de son cœur au Seigneur Jésus.

« Oui ! pour qu'il se perde en moi !... pour que les flammes qui sortent de mon Cœur fondent ses glaces, et le consument de mon amour !... Ma fille, l'amour est le lien des cœurs... Il faut qu'il t'unisse à moi, pour toujours...

13-27 *Mai* 1861. — « Heureuses les oreilles qui écoutent l'inspiration divine !... Heureux le cœur qui la garde comme un dépôt précieux ! Heureuse la volonté qui la met en pratique et y demeure fidèle jusqu'au dernier soupir ! »

25 *Septembre* 1862. — « Ma fille, le monde se couvre d'iniquité... A peine trouvé-je épars sur la terre quelques justes dignes de ce nom pour arrêter le bras de ma vengeance... Il faut, ma fille, que tu sois de ce nombre ; il faut que tu élèves

vers le ciel des mains suppliantes, chargées de mérites et de bonnes œuvres dont je sois le principe et la fin... »

13 *Mars* 1865. — « Le lion de Juda terrasse ses ennemis... L'élu de mon Père les subjugue par son exemple et par la prière...

« Et toi, ma fille, que feras-tu ?... Tu chercheras à t'humilier en ma présence, pour toi et pour tes frères. Tu crieras miséricorde et t'immoleras pour tous, en union avec moi, dans la compagnie de ma sainte Mère, de mes Anges et de mes Saints,... et le Seigneur entendra ta voix... »

25 *Janvier* 1866, *mon entrée dans le Tiers-Ordre dominicain.*

— « Lève-toi et marche, appuyée sur ton Bien-Aimé !... »

1er *Septembre* 1868, *la nuit.* — « Ils vont aux joies de la terre », (les mondains sans doute), « et moi, je te convie aux joies du ciel !... »

19 *Février* 1874. — « Il n'est point de souillure qui ne puisse être purifiée par ma grâce...

« Prie donc pour tous,... humilie-toi pour tous,... immole-toi pour tous. »

22 *Février* 1874. — Même sentence, avec la conclusion suivante :

— « Aie donc confiance en ma miséricorde, et corresponds à mon amour. »

4 *Septembre* 1882. — « Aie confiance, parce que ma miséricorde est infinie,... et la sainte Écriture t'apprend que *le Seigneur a entendu la prière du pauvre, parce qu'il a vu la préparation de son cœur...* Continue donc à prier malgré ta misère ; mais que ce soit en la compagnie de ma sainte Mère, de mes Anges et de mes Saints, dont les mérites surabondants peuvent suppléer à ce qui te manque, afin d'obtenir secours et salut pour l'âme dont tu m'exposes en ce moment les immenses besoins... »

Nous avons réservé pour la fin de cet article trois Notes comprenant des résolutions de retraite. La première est ainsi rédigée :

« Aujourd'hui, 22 décembre 1860, dernier jour de la retraite donnée aux Dames de la Providence, dans la chapelle de l'Asile, voici les résolutions que j'ai prises avant de quitter ce bien-aimé séjour :

« Tout faire, tout souffrir pour l'amour et la gloire de Dieu... Rien pour la terre... »

« Je dépose mes résolutions sous l'égide de Marie, ma tendre Mère et la Patronne de ce lieu... »

Les autres Notes, écrites l'une au-dessous de l'autre sur une feuille détachée, portent ce qui suit :

« Aujourd'hui 14 décembre 1868, dernier jour de la retraite que le bon Dieu nous a accordée dans sa miséricorde et son amour pour nos âmes, moi, Victorine Bessard (Sœur Marie-Dominique-Catherine-Caroline de Jésus, du Tiers-Ordre dominicain), je dépose dans les mains de la très sainte Vierge, pour qu'Elle le présente à mon Dieu, mon désir de recevoir tout de sa main, en esprit d'humilité et d'union avec mon Sauveur, victime d'amour pour les hommes. »

« Aujourd'hui 23 décembre 1874, à la fin de ma retraite, j'ajoute au désir ci-dessus exprimé la résolution de travailler, avec le secours du Ciel, à surmonter, pour l'amour de Dieu, la véhémence de mes impressions.

« Victorine de Jésus. »

Enfin plaçons ici une Note relative à l'expulsion des Religieux, expulsion que les décrets
du 29 mars 1880 avaient d'abord fixée pour tous
au 29 juin de la même année.

3 *Juillet* 1880, *dans l'attente du départ des
Dominicains, pendant la récitation du Chapelet :*
— « Aie confiance !... Je suis avec eux !... »

XX. — LA CONSIDÉRATION DE LA MORT. —
FORCE CONTRE LE DÉMON.

4 *Avril* 1860. — « O ma chère fille, qu'il fait bon
se tenir prêt au dernier passage !... Comme l'âme
vigilante qui se prépare à l'arrivée du céleste
Epoux, répondra avec confiance à sa voix !...
Comme il la recevra dans sa miséricorde !...
Comme il l'inondera de délices, que les vicis-
situdes de la terre ne troubleront plus !... »

28 *Juin* 1860. — « La paix de l'âme n'exclut ni
les tentations, ni les douleurs de l'adversité ; mais
elle en fait tirer avantage...

« Sois paisible et recueillie en ma présence,
mon enfant, et tu découvriras les artifices de

l'ennemi, et tu te fortifieras contre ses assauts,...
et ma volonté te tiendra lieu de suprême consolation... Au victorieux la palme et la couronne !...
Au chrétien courageux et fervent, mon aide et
mon appui. »

5 *Juillet* 1860. — « Que la terre, avec tout ce
qu'elle contient, te semblera peu de chose à
l'heure de la mort ! Comme tu voudras alors avoir
rompu tous les liens qui t'y attachent encore !
Eh bien ! mon enfant, pour éviter de tardifs
regrets, donne-toi à moi sans réserve, prends ma
croix avec amour... Ma grâce et ma miséricorde
feront le reste... »

6 *Mai* 1861. — L'illusion du monde passe,... la
mort arrive... Et avec la mort, la douleur et les
angoisses pour celui qui n'a pas moissonné en
vue du ciel !...
« Pour toi, ma fille, que j'appelle dans la voie
du Calvaire où se trouvent à chaque pas des fruits
de salut, cueille ces fruits, nourris-en ton âme ;
reçois-les avec actions de grâces ; et la mort sonnera l'heure de ta délivrance. »

16 *Juin* 1861. — « La mort avec ses appréhen-

sions glace d'effroi l'âme infidèle... Mais à mes fidèles serviteurs elle apparaît, avec ses espérances, comme la fin des travaux, la destruction du péché, l'investiture de l'éternel bonheur. »

20 *Novembre* 1861. — « L'heure de la mort sonnera pour toi, ma fille ; si tu veux qu'elle soit l'heure de ta délivrance, ne vis plus que de ma vie,... ne respire plus que mon amour et repose-toi sur mon Cœur. »

19 *Février* 1862. — « Que crains-tu, ma fille ? ne suis-je pas avec toi ? Si l'ennemi te poursuit, s'il te harcèle, ne suis-je pas dans ton cœur pour déjouer ses ruses ? pour bénir tes travaux, soutenir tes combats, couronner ton triomphe ? »

8 *Juin* 1862. — Craindrais-tu les traits les plus acérés de l'ennemi, quand tu m'as pour protecteur et pour appui ? Confiance donc, et abandon entre mes mains !... »

12 *Mars* 1878. — « Ma fille, tiens-toi tranquille sous mon regard, parce que je veille sur toi.

« D'un geste de ma main je puis déjouer les ruses de l'ennemi, et cette main puissante te soutiendra, te guidera dans les voies du salut, si tu m'aimes, et me cherches avec un cœur pur, humble, simple et soumis. »

27 *Septembre* 1878. — « Oui, ma fille, je vois ta misère. Je vois aussi la tactique de l'ennemi pour te surprendre. Si tu élèves vers moi un regard plein de droiture, de confiance et d'amour, ce regard percera les cieux, et un abondant secours y répondra pour t'aider à déjouer ses ruses, et à triompher de sa malice. »

22 *Décembre* 1879, *dans la privation des secours spirituels*. — « Ma fille, sois en garde contre ta fragilité et les assauts de l'ennemi. Et, te rappelant ce passage des Psaumes : *Levavi oculos meos in montes, unde veniet auxilium mihi* (1), attends de moi le secours qui ne te fera pas défaut, quand la consolation te fuit au milieu des hommes... »

XXI. — REPROCHES ET AVERTISSEMENTS DU
DIVIN MAÎTRE.

Plus Dieu appelle une âme à l'union intime

(1) J'ai levé mes yeux vers les montagnes d'où me viendra le secours.

avec lui, plus il exige d'elle une correspondance
parfaite à la grâce, et lui reproche jusqu'aux moindres imperfections. Les vies de sainte Catherine
de Sienne, de sainte Thérèse, et de bien d'autres
Saintes, honorées de la familiarité habituelle de
l'Epoux divin, nous offrent de nombreux exemples de cette vérité. Les sentences qui composent
le présent article montrent avec évidence que
Mlle Bessard était parvenue, elle aussi, à un haut
degré dans l'union divine.

21 *Novembre* 1859, *temps de maladie.* — « Mon
enfant, ma fille chérie, je t'ai appelée dès ta jeunesse, à la suite de ma sainte Mère... Je te prépa-
rais les plus douces faveurs ! Je voulais te compter
au nombre de mes épouses chéries !... D'où vient
que les choses de la terre ont impressionné ton
âme ? D'où vient que tu as erré dans la voie qui
devait te conduire à mon Cœur ? C'est que tu es
faible, bien faible, mon enfant, et peu attentive
à l'impulsion de ma grâce...

« Mais je te laisse la vie, reprends courage ;
répare le passé et consacre-moi l'avenir. Viens
puiser dans la Communion des Saints, comme à
une source féconde, des richesses qui suppléeront

à ton indigence, et je te remettrai au rang que te
préparait mon Cœur. »

26 *Novembre* 1859. — « Pourquoi, ma pauvre
fille, as-tu douté de mon amour ? Pourquoi as-tu
douté du cœur de ma sainte Mère, et de la sollicitude de mes Anges ?... Nous étions avec toi ! ..

« Je voulais combler ton âme de mes bénédictions !... Tes souffrances devaient s'élever comme
d'un encensoir d'or jusqu'à mon trône !...

« Mais reprends courage, ma fille chérie, car je
viens consoler ton cœur ! N'oublie plus que je
suis ton Père,... ton Sauveur,... que ma sainte
Mère est ta mère,... que mes Saints sont tes protecteurs, et mes Anges tes amis... »

26 *Février* 1860. — Pourquoi te troubles-tu,
ma pauvre fille ? n'est-ce pas moi qui ai permis
cette affliction ?

« La main qui t'a frappée n'est-elle pas celle qui
te soutient et te guérit ?... N'est-ce pas moi qui
punis le pécheur, éprouve le juste et console tous
ceux qui veulent sincèrement m'appartenir ?...

« Encore une fois, pourquoi te troubles-tu ?...
Ne reconnais-tu pas mes desseins de miséri-

corde ?... Ne vois-tu pas des biens immenses promis à tes travaux ?... et ne suis-je pas ta consolation sur la terre ?... »

15 *Mai* 1860. — « Mon enfant, ma fille chérie, tu as passé cette nuit par le creuset des souffrances,... comment en es-tu sortie ?

« La nature rebelle s'est récriée bien haut, et ton courage a faibli malgré les grâces et la force que je mettais à ton service... Mais humilie-toi et je te relèverai... Humilie-toi et je réparerai tes pertes... Humilie-toi et je soutiendrai ta faiblesse... Humilie-toi et je te sanctifierai... »

24 *Août* 1860. — « Ma fille, je t'avais préparée à l'épreuve... Je t'en avais découvert les précieux avantages, et je t'avais appelée sur mes traces, dans la voie douloureuse, pour te combler de mes plus douces faveurs !

« D'où vient que tes pas ont chancelé dans les sentiers de l'adversité ?... D'où vient que ton courage a défailli ?... Si je t'ai caché mon visage, t'ai-je pour cela abandonnée ? Ma présence invisible n'eût-elle pas soutenu ta faiblesse, si tu eusses compté davantage sur mon puissant secours ?...

Mais reprends courage! En moi ton espérance,
mon enfant, et ma grâce te fera triompher des obs-
tacles qui t'arrêtent dans les sentiers de la vertu,...
et, après les combats de la vie, elle t'assurera la
palme de la victoire. »

3 Février et 25 Août 1861. — « Ma fille, ma fille,
prends-y garde ! L'amour-propre est subtil...
Mais tu déjoueras ses artifices, tu triompheras
de ses attaques, avec mon assistance et la protection de ma sainte Mère, si tu n'arrêtes que sur
moi l'œil pur et simple de ton intention... »

15 *Janvier* 1862. — « Ma fille, ma fille ! point de
trouble, point d'inquiétude !... Remets tout dans
mon Cœur. »

Variante des 12 *Mai et* 10 *Juin.* — « ....Jette-toi
entre mes bras, avec tout ce qui t'est cher. »

1er *Septembre* 1871. — « Ma fille, qu'est devenu
cet entier abandon que tu m'avais promis ?...

. . . .

« Confie-toi !... Prie !... Espère. »

La Note suivante est, à notre avis, la plus remarquable du Recueil, en ce qu'elle fait assister

au travail de la grâce dans une âme, durant un temps assez long.

1880. — Du 3 au 4 Juin, fête du Sacré-Cœur de Jésus, dans une nuit d'inquiétudes bien grandes, à la veille d'une communion, et pendant que je récitais à grand'peine le chapelet de la très sainte Vierge, je crus entendre inopinément :

« Ma fille, si ton cœur est vide, je le remplirai... »

Peu après, en continuant la même prière, je crus entendre encore :

« Tu as manqué à l'inspiration, mais tu n'as perdu ni ma grâce, ni mon amour... Repens-toi, humilie-toi, et confie-toi à mon infinie miséricorde... et je viendrai à toi, dans ma mansuétude et mon amour... »

Puis, en continuant mon chapelet, avec l'expression de mon regret :

« Point de trouble, ne reviens pas là-dessus, car je l'ai oublié avec mon cœur d'ami, de Père et de Sauveur... Prépare-toi avec joie et confiance à ma visite .. »

Enfin : « Si ton cœur est vide, Nous viendrons à toi, et Nous ferons en toi notre demeure... »

A ces paroles, une douce paix remplaça entièrement le trouble de mon âme...

XXII. — DIVINES CONSOLATIONS ET PRIÈRE POUR LES MORTS.

Mlle Bessard, on l'a vu dans la première partie de cet ouvrage, perdit sa mère le 18 janvier 1861.

En ces circonstances douloureuses, le *Père des miséricordes et le Dieu de toute consolation* daigna soutenir sa fille bien-aimée par des paroles intimes qu'on aimera, croyons-nous, à trouver réunies ici.

6 *Janvier* 1861. — « Pourquoi te troubles-tu, ma fille ?... Je veille sur ta mère !... je veille aussi sur toi, et je te bénis !... »

7 *Janvier* 1861. — « Ma fille, tiens-toi dans mon Cœur, asile des cœurs oppressés... C'est là que tu trouveras le soulagement et la paix... »

10 *Janvier* 1861. — « Ma bien-aimée fille, je vois ta tristesse et je t'ouvre mon Cœur !...

« Si tu veux que tes larmes soient sanctifiées, et que j'y trouve ma gloire, unis-les à celles que j'ai versées pour ton amour,... unis ton sacrifice à celui que ma sainte Mère offrit au pied de la Croix !.... »

11 *Janvier* 1861. — « Regarde, ma fille, contemple ton Sauveur sur le Calvaire : vois ce qu'il souffre pour ton amour !!! Vois Marie, ma sainte Mère, au pied de la Croix, et plains-toi, si tu l'oses !... »

18 *Janvier.* — *Jour de la mort de ma mère.* — 1881 !!!

25 *Janvier* 1861. — *Bien des paroles d'encouragement et de consolation sont venues relever mon courage pendant la durée de la maladie de ma mère... Ne pouvant les relater ici, je veux du moins mentionner ce fait, pour en garder à jamais le souvenir, et en témoigner à mon Dieu ma profonde reconnaissance.*

26 *Janvier* 1861. — « Ma fille, l'humble aveu de ta misère suppléera aux vertus qui te manquent, si tu m'offres les mérites de ma sainte Mère, de mes Anges et de mes Saints, et cette offrande attirera sur ta mère mon secours et mes bénédictions... »

27 *Janvier* 1861. — « Embrasse ma croix, mon enfant, presse-la sur ton cœur, et mon Sang

coulera sur ton âme pour la fortifier... Il coulera sur l'âme de ta mère pour la soulager et la sauver... »

Inutile de revenir sur la douce confiance inspirée à Victorine Bessard de l'entrée de sa mère au ciel.

La suite du Recueil mentionne d'autres consolations divines venant après le décès de diverses personnes particulièrement chères à la servante de Dieu.

17 *Décembre* 1861. — *Mort de ma bonne tante Dugué.* — « Ma bien-aimée fille, au pied de la croix ta demeure dans le temps,... au ciel ta récompense pour l'éternité !...

« Loin de toi le murmure ! loin de toi la plainte!... Je t'ai frappée dans ma miséricorde et mon amour ; ma présence dans ton âme doit compenser toutes tes douleurs. »

. . . . , ...

Dans la nuit, plusieurs fois :

ECCE LIGNUM CRUCIS !..

Le jour :

VENITE ADOREMUS !...

31 *Décembre* 1861. — « Ma fille, mon enfant désolée !... mets en moi ton espérance, et je serai ton consolateur. »

12 *Février* 1862. — « Paix ! silence ! mon enfant !... Paix ! silence ! dans la douleur qui te presse ! Et mon Cœur qui a compris le tien t'ouvrira ses trésors...

« Souffre, prie et espère !..

« Adore la main qui t'a frappée ; cette main soutiendra ta faiblesse, pansera la plaie de ton cœur et te conduira au ciel... »

28 *Février* 1862. — *Mort de mon cousin Charles Dugué.* — « Ma bien-aimée fille, loin de toi le murmure dans les coups réitérés qui te frappent !... adore mes desseins !!...

« Au ciel tu connaîtras mes secrets, et tu béniras mon saint Nom... »

1er *et 7 Mars* 1862. — « Que crains-tu, ma fille ? Ne suis-je pas leur Père, comme je suis le tien ?... Confiance entière,... confiance sans bornes ; car je les ai reçus dans ma miséricorde, et ma présence dans ton âme te dit tout mon amour... »

9 *Mars* 1862. — « Oh ! ma fille, si tu m'aimes véritablement, n'accepteras-tu pas l'amertume qui s'attache à la mort de tes proches ?... Ne t'offriras-tu pas toi-même en sacrifice, comme une victime consacrée à ma gloire et à mon bon plaisir ?... »

27 *Octobre* 1862. — *Anniversaire de la mort de ma sœur Marie.* — « Oui, ma fille, elle est avec toi dans mon Cœur, pour me louer et me bénir, en attendant le grand jour des manifestations, où vous vous retrouverez, sans crainte de vous perdre jamais... Ma fille, ce que tu as entendu est véritable, repose-toi sur mon Cœur. »

27 *Octobre* 1872. — Même objet, avec un léger reproche du divin Maître. — « Pourquoi douter de ma parole ? Elle est avec toi dans mon Cœur !... Aime-moi avec elle, jusqu'à ce jour où, tous liens étant rompus sur la terre, tu te reposeras dans mon sein, durant la bienheureuse éternité... »

19 *Septembre* 1873. — *Mort de ma bien-aimée sœur Mme veuve Charles Joyau...*

Mme veuve Charles Joyau, réputée de tous

ceux qui l'ont connue un modèle accompli de mère chrétienne, était elle-même Tertiaire de Saint-Dominique, et ainsi doublement sœur de Victorine Bessard.

Faut-il voir une connexion entre la Note du 19 septembre 1873 et les deux suivantes de la même année ?...

21 *Octobre*. — « Ma fille, un jour dans mes parvis sacrés vaut mieux que mille partout ailleurs !...»

. . . .

« Elle est au ciel !!! »
Le même jour, je crus entendre sainte Catherine de Sienne me dire :
« Réjouissez-vous avec nous !... »

25 *Octobre*. — « Ma fille, que crains-tu ? C'est bien moi !!... Elle est heureuse !... Joins-toi à elle pour me louer, pour me bénir, et pour prier pour les membres de ta famille qui gémissent encore dans les flammes expiatrices ! »

1874. — *Mars 28. — Mort de M. l'abbé Guillet, curé de Saint-Nicolas et précédemment notre bien vénéré curé, dont nous possédons dans le cimetière de Paimbœuf les précieux restes.*

Mlle Bessard accorda tant de prières et de larmes à ce saint prêtre, son guide spirituel et son ami, que nous n'hésitons guère à rapprocher de la mention funèbre qu'on vient de lire la communication divine du 15 mai 1875, veille de la Pentecôte.

— « Actions de grâces, consolation, joie, espérance... Il est au ciel !!! »

5 Mars 1878. — Après avoir prié pour des personnes défuntes. — « Je les ai reçues dans mon sein... Mais ta prière me plaît, elle est pour toi un devoir... D'autres âmes gémissent encore dans le lieu de l'expiation,... et elle me sera un hommage, si elle est faite pour ma plus grande gloire... »

28 Août 1879. — « Ma fille, réjouis-toi et rends-moi grâces, car elle est au ciel !... Sois dévouée à mon service et aux intérêts de ma gloire, et ton union avec moi sanctifiera tes œuvres... »

Même jour, quelques heures plus tard : « Réjouis-toi, réjouis-toi !... car ces pieux personnages sont arrivés au ciel. »

Pour compléter le sujet, on nous permettra de transcrire ici quelques Notes, antérieures de dates aux précédentes, sur la dévotion envers les défunts.

21 *Juillet* 186o. — « Il est bon de prier pour les morts, ma chère fille... Oh ! combien est grand le soulagement que leur procure le saint Sacrifice !...

« Offre-le-moi donc à leur intention. Joins-y le sacrifice de ton immolation... Abandonne-leur le mérite de tes œuvres ; tu me seras agréable, et je ne me laisserai pas vaincre en générosité. »

24 *Novembre* 186o. — « Sache, ma fille, que la prière pour les morts m'est agréable !... que l'immolation offerte pour eux touche mon Cœur !... que s'oublier pour le soulagement des membres de mon Eglise souffrante est une action qui recevra sa récompense. »

2 *Janvier* 1862. — « Ma bien-aimée fille, la

charité est le lien des cœurs, sur la terre et dans le ciel...

« Or la mort ne brise pas ce lien... »

8 *Juillet* 1862. — « Ma fille, les liens qui t'unissaient à ceux que tu pleures ne sont pas rompus ; car ces proches reposent dans mon sein, centre de tous les cœurs qu'anime mon amour. »

Lisons enfin une Note ainsi conçue :

« Oui, ma fille, cette vision est véritable !... mais remarque-le, ces flammes ne s'élevaient pas jusqu'au cœur, et tes larmes les adouciront, si tu les unis aux larmes que j'ai versées sur le tombeau de Lazare, et à celles de Marie au pied de la Croix... »

Cette Note se passe d'un long commentaire. Elle nous dérobe, il est vrai, la connaissance certaine de ce à quoi elle fait allusion ; mais elle laisse libre champ à une question d'un autre intérêt : Mlle Bessard n'aurait-elle pas été gratifiée maintes fois de faveurs extraordinaires, que son humilité a tenues soigneusement cachées ?...

XXIII. — L'ÉGLISE CATHOLIQUE.

Plusieurs lumières sur la sainte Église, avec recommandation de prier, furent communiquées à Victorine Bessard, les années 1860 et 1861, qui virent les premières attaques dirigées ouvertement contre le pouvoir temporel du Pape.

11 *Février* 1860. — « Voici le moment de t'immoler sans réserve à la gloire de mon Père et pour le salut des pécheurs, ma pauvre fille ; offre-toi en holocauste pour la cause de mon Eglise... »

22 *Septembre* 1860. — (Quatre jours après la bataille de Castelfidardo, qui livrait aux Piémontais les Etats du Saint-Siège.)

« L'univers publie ma gloire et ma puissance ; les hommes me méconnaissent et m'outragent .. Des peuples au faîte des grandeurs et confiants dans leurs forces se sont élevés contre moi !... ils se sont armés contre mon représentant sur la terre !... Mais je les tiens entre mes mains, et ils sentiront le bras de ma justice...

« Pour toi, ma fille, pleure en face des autels,...

gémis des péchés des hommes ; humilie-toi et
immole-toi pour tous... »

27 *Septembre* 186o. — « La figure du monde
t'apparaît bien sombre, ma fille ; et mon Eglise
opprimée dans son Chef doit rappeler à ton cœur
les angoisses de ma Passion. Que feras-tu devant
les outrages que je reçois en sa personne?...

« O ma fille, humiliée à mes pieds, crie miséricorde, pour toi et pour les autres ; car ton ingratitude s'est jointe à la malice des hommes qui ont
provoqué mon courroux...

« Mais ne t'en tiens pas là...

« Souviens-toi que, chargé des iniquités des
hommes et accablé de douleurs sur la Croix,
abreuvé de vinaigre et de fiel, non content de
satisfaire à la justice de mon Père, j'ai prié pour
ceux qui insultaient à mes derniers moments !!...

« Recueille mes dernières paroles... Confie-toi
à Celle que je te donne pour Mère, et immole-toi
pour tous... »

7 *Juin* 186r. — « L'unité de l'Eglise catholique
est une des preuves de la divinité de son origine...
Réjouis-toi, ma fille, d'être née dans son sein, où

tu trouves le calme, la paix, l'espérance, avec le gage le plus précieux de mon amour... »

28 *Juin* 1861. — « Tristesse, ma fille, car une grande iniquité couvre la terre... Immolation complète en réparation de l'injure que j'en reçois... »

On peut voir dans cette Note une allusion à l'occupation sacrilège des Etats pontificaux, opérée l'année précédente, et dont la fête de saint Pierre rappelait le souvenir.

19 *Octobre* 1861. — « Ma fille, l'unité de l'Eglise catholique a droit à toutes tes sympathies,... sa parole à tout ton respect,... ses préceptes à tout ton amour ; car je parle par sa bouche... »

1er *Novembre* 1861, *vendredi*. — « Ma bien-aimée fille, presse-toi à mes pieds, avec ma sainte Mère, avec Jean et Madeleine, et crie miséricorde, car de grands maux vont fondre sur le monde !...

« L'iniquité des hommes couvre la terre !... Ma justice réclame vengeance !. . Avec mes élus du ciel implore grâce et pitié... »

Une dernière Note relative à l'Eglise se trouve placée en octobre 1876.

— « Tiens-toi dans l'unité de l'Eglise, dans la charité de ses membres, toute dévouée, parmi tes souffrances, tes peines, tes douleurs, tes prières, à ses intérêts spirituels et temporels ! »

XXIV. — LES FÊTES CHRÉTIENNES.

L'Avent. — « Ma chère fille, l'humeur mélancolique est un obstacle à l'avancement spirituel...

« Réjouis-toi dans le Seigneur, car le voici qui vient... Hâte-toi ! Va à sa rencontre par le dévouement, la soumission et l'amour. »

L'Immaculée-Conception. — « Ma fille, contemple aujourd'hui la Vierge immaculée, et réjouis-toi de l'avoir pour Mère !... Combien faut-il que j'aie aimé les hommes, pour les avoir, au Calvaire, placés sous une telle protection !... Ma fille, tiens-toi toujours à ses côtés ; prends-la pour modèle, que tu sois dans la souffrance, ou que tu ressentes encore quelque joie sur la terre... S'il en est ainsi, elle t'associera aux mérites de ses souffrances, elle t'associera également à ses joies toutes célestes, et le reflet de ses mérites et des grâces dont je l'ai comblée se répandra sur toi, pour te soutenir et te sanctifier. »

Noël. — « Que le dénuement de ma Crèche te dise, ma chère fille, le peu de cas que méritent les richesses de la terre !...

« Que les humiliations qui précédèrent ma naissance t'apprennent combien l'humilité est chère à mon Cœur !...

« Que mes premières larmes te portent à déplorer tes fautes et celles de tes frères, et à les réparer !...

« Que les langes qui m'enveloppent te disent mon amour, et réchauffent le tien !... »

Pendant l'Octave de Noël. — « Ma fille, je ne parlerai aujourd'hui que par mon silence : médite-le attentivement... Médite aussi mes premières larmes... Elles te diront mon amour...

« Dans le silence de ma Crèche vois la condamnation des paroles inconsidérées, dont je ne suis ni la fin, ni l'inspirateur... Vois-y l'expiation des discours criminels qui outragent la Majesté divine... Demeure désormais tranquille et recueillie en ma présence avant de parler aux hommes. »

Même sujet. — « La loi de Moïse est abolie,... la loi de grâce lui succède. . Ma naissance est le gage de mon amour ; elle est aussi le gage de ton espérance. »

Circoncision. — « Confiance, ma fille, et espérance sainte ! Je t'éprouve dans ma miséricorde, et le nom que je prends aujourd'hui te révèle tout mon amour. »

Dans l'Octave de l'Epiphanie. Visite (eucharistique) du Souverain Roi. — « C'est moi qui viens à toi, ma fille, puisque tu ne peux plus venir à mon autel...

« Je viens comme une hostie pacifique ; je viens comme une hostie d'espérance et d'amour pour le cœur repentant qui ne cherche plus qu'à me plaire...

« Tiens-toi donc en ma présence, avec une attention respectueuse, mais pleine de confiance et d'amour... Et, comme les Rois-Mages, après m'avoir vu et adoré dans la Crèche, fidèles à la grâce et ne désirant plus que ma gloire, *s'en retournèrent par un autre chemin,* qui les conduisit au port du salut, marche dans la voie où je t'appelle, en union avec la sainte Vierge, les Anges et les Saints : elle te conduira au ciel. »

Temps du Carnaval. — « Ma fille, écoute ma parole dans le silence et la paix... Tu vois les outrages que je reçois,... pense au Jardin des Olives; et, si tu m'aimes d'un véritable amour, tu te tiendras unie à moi en esprit d'immolation et de sacrifice : ma grâce te soutiendra dans l'épreuve, et mon Cœur préparera ta récompense au ciel.... »

Fête de saint Joseph. — « Tiens-toi sous mon regard, en union avec saint Joseph, et dans la sainte compagnie où il trouva sa joie, son bonheur, sa sanctification... Suis-le dans la voie qui le conduisit aux jouissances inénarrables de l'éternité, où t'appelle également mon amour... »

Compassion de la sainte Vierge. — « Voilà ta Mère !!!

« Comprends cette parole, et montre-toi reconnaissante... »

Jeudi Saint. — « Ma fille, dans l'Eucharistie ta joie et ta richesse !

« Dans l'Eucharistie la consolation de ton pèlerinage !

« Dans l'Eucharistie ton espérance au milieu de la tribulation !

« Dans l'Eucharistie ta réfection, parmi les défaillances de la nature.

« Dans l'Eucharistie ton viatique pour le redoutable passage du temps à l'éternité... »

Vendredi Saint, et plusieurs autres fois. — « Ma fille, dans la Croix le salut !... »

Samedi Saint. — « Douce quiétude à mes pieds mon enfant, car j'ai vaincu le monde...

« J'ai triomphé de la mort, et ma victoire sur l'enfer sera le gage de ton triomphe, si tu me demeures fidèle...

. . . .

« Il faut que ta vie soit cachée en moi !... Médite bien cette parole. »

Dimanche de la Résurrection. — « Ma fille, il faut mourir pour vivre, mourir à toi-même, pour vivre de la vie de la grâce sur la terre, et de la vie de la gloire dans l'éternité. »

*Un mardi de Pâques, 15 avril 1884, après de lon-
gues souffrances.* — « Je suis ressuscité, et je veux,
ma fille, que tu ressuscites avec moi !... Je veux
que tu ressuscites à la grâce, que tu rejettes la
poussière de la terre,... que tes yeux et ton
cœur s'élèvent vers le ciel...

« Je veux que le souvenir des souffrances que
j'ai endurées pour ton amour t'aide à supporter
les tiennes et à me les offrir.

« Je veux remplir ton cœur de mon amour, pour
sanctifier toutes tes œuvres. Mais pour cela, il
faut le vider de tout ce qui n'est pas de moi, ou
pour moi.... Il faut que mon amour prédomine
sur tes affections même les plus légitimes, dont
je dois être le principe et la fin.

« *Mon enfant, s'il en est ainsi, tu vivras de ma
vie, et je te reconnaîtrai au dernier jour.* »

10 *Mai* 1878, dans la seconde semaine après
celle de Pâques. — « Ma fille, je suis le Bon Pasteur, et je donne ma vie pour mes brebis... Et
mes brebis me connaissent... »

. . . .

— Mon Dieu, que de misères vous devez découvrir en moi !...

MADEMOISELLE BESSARD.

. . . .

« Oui, ma fille, mais j'y vois aussi le désir de m'aimer et de me plaire, désir que j'y ai déposé ; et voilà pourquoi je t'appelle à ma suite, afin de te soutenir de ma main puissante, de diminuer tes fatigues, et de reposer ton cœur, quand la douleur l'oppresse ; je t'ouvre le mien, afin que tu y voies mon amour, et mon tout-puissant secours pour t'aider à y correspondre. »

Ascension. — « Au ciel tu es attendue !... au ciel je te convie !...

« Mais pour y arriver, corresponds à mon amour !... »

La Pentecôte. — « Qu'il y a de bonheur, ma chère fille, à suivre toujours l'impulsion de l'Esprit saint !...

« Comme il se plaît à remplir l'âme fidèle !... Comme il vivifie ses actions ! Comme il lui fait amasser des trésors de mérites dont elle recueillera les fruits dans l'éternité !...

« Humilité, douceur, pureté d'intention, dévouement sans bornes : voilà, ma fille, ce que l'Esprit saint attend de toi ; voilà ce que tu acquerras par son assistance, si tu es docile à la grâce... »

Fête du Très Saint Sacrement. -- « *Celui qui me mange doit vivre pour moi !...* »

Sacré-Cœur de Jésus, — 4 juin 1859. — « Mon enfant, donne-moi ton cœur, et cherche ton repos dans l'asile que t'ouvre le mien... *Entre dans le trou de la pierre ...* Dans cette solitude, tu goûteras les douceurs du ciel ; car tu t'y trouveras avec ses heureux habitants, qui m'aiment d'un amour éternel. Oh ! quel trésor pour toi que cette Communion des Saints ! Comme elle doit t'encourager dans la lutte ! Comme elle doit relever ton espérance ! »

Visitation. — « Ma fille, loue et glorifie le Seigneur, parce qu'il a fait en toi de grandes choses ..

« Mais loue et glorifie le Seigneur avec ma sainte Mère, car tu as peu correspondu à mon amour, et la pureté de son cœur suppléera à la misère du tien. »

Assomption. — « Ma fille, au ciel tu as une

Mère dont le regard plein de douceur s'arrête sur toi ! »

Dans l'Octave. — « Considère le modèle qui t'est donné en ce jour, et marche humblement sur ses traces, appuyée de sa protection puissante qui ne te fera pas défaut, si tu veux véritablement correspondre à mon amour. »

Exaltation de la sainte Croix. — « Prends ma croix, ma pauvre fille, et reçois-la avec amour...

« Charge-la sur tes épaules, en comptant sur mon secours.

« Porte-la avec courage, car je suis avec toi !... Je dis plus : porte-la avec joie, avec amour, car c'est le sceau des élus,... c'est le gage des prédestinés. »

Fête de Notre-Dame des Sept-Douleurs. — « Vois les douleurs de ta Mère au pied de la Croix, et plains-toi si tu l'oses. »

Saint François d'Assise, 4 octobre 1878. — « Oui, ma fille, je vois toute ta misère, et je viens réchauffer ton cœur au foyer de mon amour. Mais, de ton côté, sois sensible à la touche de ma grâce, si tu veux qu'il s'élève au-dessus des choses d'ici-bas...

« Considère en ce jour le Saint qui est offert à ta vénération... Il fut docile à la grâce, et embrassa la croix avec tout l'amour de son cœur, heureux de se sacrifier sans réserve au salut des âmes pour la gloire de la très sainte Trinité... Marche sur ses traces. »

La Toussaint. — « Bienheureux ceux qui sont doux, parce qu'ils posséderont la terre.

« Bienheureux les pacifiques, parce qu'ils seront appelés enfants de Dieu.

« Bienheureux les miséricordieux, parce qu'il leur sera fait miséricorde.

« Bienheureux ceux qui ont le cœur pur, parce qu'ils verront Dieu.

« Bienheureux les humbles, car je m'inclinerai jusqu'à eux.

« Que ton cœur soit pur, mon enfant, que ton intention tende toujours à ma plus grande gloire· Je serai avec toi, et je prendrai en toi mes délices ! »

Même fête. — « L'union de l'Eglise du ciel à

celle de la terre, ma fille, doit te remplir de joie et d'espérance.

« La Communion des Saints est une mine précieuse, qui enrichira tes sacrifices.... Si tu viens y puiser, tes sacrifices s'élèveront comme un encens d'agréable odeur jusqu'à mon trône...

« Mais, pour que la dévotion à mes Saints te soit profitable, il faut que tu imites leurs vertus... O ma fille, imite mes Saints !... Ils ont foulé aux pieds les vanités du monde ; ils ont embrassé avec ardeur la sainte pénitence ; ils sont entrés avec amour dans les saintes voies de la Croix... Ils les ont suivies, sur mes traces, et, consolés par ma présence, sont arrivés au port de la bienheureuse éternité. »

Commémoration des Fidèles trépassés. — « Heureux les morts qui meurent dans le Seigneur: dès aujourd'hui, ils se reposeront de leurs travaux ! »

. . . .

« Ma fille, répands à mes pieds ton cœur, tes prières et tes vœux pour ces âmes qui me sont si chères !... Et ton cœur, je l'agréerai !... tes prières, je les écouterai !... tes vœux, je les exaucerai ! »

La Dédicace. — Visite (eucharistique) du bon Maître. — « Ma fille, je t'ai dit comme à Zachée : « descends promptement, car c'est chez toi que je veux loger aujourd'hui... » Et tu es descendue par l'humilité, la confiance et l'amour,... et voilà que j'habite dans ton âme et que je me repose sur ton cœur...

« Ma fille, demeure dans cette union avec moi, par ta correspondance à ma grâce, par ton abandon entre mes mains, dans la compagnie de ma sainte Mère, de mes Anges et de mes Saints, et leur sollicitude t'accompagnera jusqu'aux jours éternels. »

XXV. — VISITES EUCHARISTIQUES.

Nous lisons à la date du 29 septembre 1859 :

« Jour béni, où Notre-Seigneur est venu dans notre maison, pour visiter et consoler son indigne servante. »

La reconnaissance de Mlle Bessard mentionnait en ces termes ce qu'elle estimait, à bon droit, une faveur incomparable : la visite de Dieu sous les espèces du Sacrement !

Une fois que, par la disposition de la Providence, elle se vit contrainte de ne plus recevoir que chez elle la divine Eucharistie, elle se fit un pieux devoir d'inscrire au Journal de sa vie spirituelle le rang et la date de chacune de ses communions, pour en perpétuer le souvenir dans son âme.

Cette partie du Recueil s'ouvre ainsi :

Maladie, à partir du 25 avril 1875.

10 *Mai.* — « Venue du Très Saint Sacrement dans la demeure et dans l'âme de sa pauvre servante. — 1ʳᵉ Visite. »

24 *Mai.* — « Seconde visite du Bon Maître à sa pauvre servante malade. »

Toutes les communions ainsi reçues sont relatées, tantôt séparément, tantôt par tableaux synoptiques de mois et d'années, sous un titre comme les suivants :

Visites de mon Sauveur.
Visites du Bon Maître.
Visites du Divin Consolateur.

Visites de mon Dieu.

La dernière inscrite est la 33g[e] et se réfère au 4 juillet 1883.

Ainsi que nous l'avons dit, la suite des Notes spirituelles manque après cette époque ; comme l'existence de la pieuse infirme se prolongea encore huit années, il faudrait donc doubler le nombre de 33g, pour avoir approximativement le chiffre des visites sacramentelles faites « à sa servante malade » par le « Bon Maître », par le « très miséricordieux Sauveur ».

Le cahier mentionne, aux 8, 15, 17 et 19 septembre 1876, quatre sorties effectuées pour aller à la chapelle de l'hôpital, distante de la demeure de Mlle Bessard d'environ 200 mètres, en comptant le jardin à traverser.

La tentative fut infructueuse ; l'excès de souffrances qui en résulta contraignit Victorine à y renoncer. Elle reprit la suite de son Journal en inscrivant :

26 *Septembre*, « 52e visite de mon Sauveur dans ma pauvre maison... »

Quelquefois les intempéries de l'hiver suspen-

daient la venue régulière du prêtre, par crainte
d'accident et d'irrévérence envers la sainte Hostie.

A deux reprises, cette interruption est marquée
au cahier des Notes par une simple ligne, qui
laisse deviner la tristesse, mais la tristesse saintement résignée :

Décembre 1879. — « Glaces et verglas ; plus de
communions ! »

. . . .

Décembre 1880. — « Frimas ; moins de communions ! »

Victorine Bessard signale enfin dans les termes
de « Maladie menaçante », — « menace de mort »,
les périodes de plus grandes souffrances qu'elle
eut à traverser.

Les Notes spirituelles des dernières années
correspondent pour la plupart aux visites du
Très Saint Sacrement. Ce qui en fait généralement le fond, c'est la recommandation adressée
par Notre-Seigneur à sa « fille bien-aimée de se
tenir toujours sous son regard, très unie à lui, en
la compagnie de la très sainte Vierge, des Anges
et des Saints, acceptant la souffrance, et s'offrant

en holocauste, pour la gloire de Dieu et le salut de ses frères, avec un humble sentiment de sa propre misère, et une pleine confiance dans le secours divin ».

Laissant de côté grand nombre de pensées fort édifiantes, nous donnerons ici, pour clore ces extraits, quelques citations d'un caractère plus saillant.

20 Janvier 1876. — 28ᵉ *Visite de mon Sauveur.*

« Que les pensées de la foi, la foi de ton baptême, te soutiennent, ma fille, au milieu des adversités de la vie ; car ma grâce ne te fera pas défaut... Mon tout-puissant secours affermira ton courage ; et, si tu m'es fidèle, en tout et toujours, jusqu'au dernier soupir, je te recevrai dans ma miséricorde. »

3 Juin 1876. — 42ᵉ *Visite du divin Sauveur.*

« De quoi te plaindre, ma fille, quand je m'incline jusqu'à toi, et que je viens moi-même te visiter et t'ouvrir mon Cœur ?

« C'est là que tu puiseras force et courage dans les épreuves de la vie. C'est là que tu trouveras consolation, richesse et espérance, si tu m'aimes

avec un cœur simple et droit, et si tu t'immoles
pour la gloire de mon Père et le salut de tes
frères... »

6 *Août* 1876. — 49ᵉ *Visite de mon Sauveur.*

« Ma fille, dans ton union avec moi ta force,
ton courage, ta richesse pour le temps, et ton espérance pour l'éternité...

« Oui, ta force, car en moi se trouvent force et
secours ;

« Ton courage, car je suis l'appui des faibles
qui se confient en moi ;

« Ta richesse, car mes mérites suppléent à leur
indigence ;

« Ta consolation, parce que j'ai entendu la
prière du pauvre, et vu la préparation de son
cœur ;

« Ton espérance pour l'éternité, parce que je
suis la lumière et le guide, dans la voie du ciel,
de celui qui, humble et soumis à mon bon plaisir,
correspond fidèlement à mon amour... »

15 *Novembre* 1878. — 145ᵉ *Visite.*

« Tiens-toi paisiblement à mes pieds, puis
écoute :

« Ma fille, apprends de moi que je suis doux et humble de cœur, et tu trouveras le repos de ton âme en marchant sur mes traces. »

« Demeure unie à moi, en te soumet'ant sans réserve à mon bon plaisir, soit pour la santé et la vie, soit pour la souffrance et la mort ; car, tu le sais, *toute chose tourne en bien pour celui qui m'aime !...* Aime-moi donc de tout ton cœur, et espère. »

10 *Juillet* 1880. — 207e *Visite.*

« Oui, tiens-toi à mes pieds, et mêles-y tes larmes à celles de Madeleine.

« Puis viens, je t'attends à la plaie de mon Cœur... C'est là principalement que tout se répare et se sanctifie... C'est de là que tes prières, tes soupirs et tes vœux, dans l'union avec moi, s'élèveront jusqu'au ciel, comme un encens d'agréable odeur, pour la gloire de mon Père, en réparation de l'ingratitude des hommes, et pour leur salut. »

31 *Juillet* 1880. — 210e *Visite du divin Sauveur.*

« Mon ministre t'a commenté ces paroles :

A la plus grande gloire de Dieu! Et moi, je viens te dire : « Garde-les dans ton cœur, mets-les en pratique. »

« Que tes œuvres et tes sentiments en soient désormais l'expression fidèle, et tu seras agréable à mes yeux, chère à mon Cœur. »

7 Octobre 1881. — 259° *Visite du divin et miséricordieux Sauveur.*

« Demeure humblement à mes pieds, dans ta misère ; et le Sang qui jaillit de mes plaies purifiera ton âme ! Et les flammes qui s'échappent de mon Cœur, si embrasé d'amour pour les hommes, réchaufferont le tien et l'embraseront de l'amour divin. »

17 *Janvier* 1883. — 318° *Visite du bon et souverain Maître.*

« Dans la divine Eucharistie, mon *Sacrement d'amour,* la force du faible, la consolation de l'affligé, le bonheur de l'âme fidèle, le doux viatique du mourant qui m'a aimé, durant sa vie, dans la simplicité de son cœur, ou qu'a purifié le repentir de ses fautes.

« Il faut, ma fille, que ma présence en ton âme

te soit tout cela. Et après avoir compensé tes souffrances et sanctifié tes œuvres au milieu des aspérités de la vie, elle sera pour toi le gage de l'éternelle félicité, si tu corresponds à mon amour jusqu'à ton dernier soupir. »

CONCLUSION

Un regard d'ensemble sur les Notes édifiantes qui précèdent y fait découvrir comme un petit traité de Vie intérieure et mystique.

Dieu ! sa parole, sa divine présence, son pur amour ; entier abandon à son bon plaisir, recherche unique de sa gloire ; union étroite à la très sainte humanité du Rédempteur, principalement par la Communion, la dévotion au Sacré-Cœur, l'amour de la Croix, l'acceptation chrétienne de la souffrance ; dévouement à l'Eglise catholique ; confiance filiale en Marie, recours à ses auspices, à ceux des Anges et des Saints ; humilité, simplicité, douceur, pureté d'intention, charité envers tous, zèle pour le salut du prochain ; dévotion aux âmes du Purgatoire, abandon en leur faveur de toute œuvre satisfactoire ; esprit de sacrifice et de complète immolation pour Dieu et les âmes ; confiance dans le secours divin pour déjouer les ruses du démon, et en toute chose la paix : telles sont les lumières surnaturelles communiquées par Dieu à sa « fille bien-aimée », à son « enfant chérie ». Elles tendent uniquement à l'éclairer sur le néant de la terre, pour élever son cœur vers les régions célestes : *Sursum corda !*

Sans nul doute, la sainte âme, placée à si bonne école, se montra, par sa docilité et sa coopération, digne des enseignements divins.

Les Notes, il est vrai, se bornent à reproduire les paroles du Maître ; quatre ou cinq fois, au plus, trouve-t-on quelque expression offrant une apparence d'adhésion. Mais la vie entière de Mlle Bessard, son langage habituel, sa correspondance épistolaire, témoignent assez de la disposition d'une âme tout imprégnée de cette salutaire doctrine, d'une âme accoutumée à vivre dans le ciel plutôt que sur la terre, et, à l'exemple de saint Paul, conversant avec les habitants du Paradis, plus souvent qu'avec les hommes, pèlerins encore de ce monde.

Nous venons de prononcer le mot de correspondance épistolaire.

Cette correspondance serait fort volumineuse, si elle pouvait être recueillie en entier ; car, ainsi qu'elle-même l'écrivait un jour, Victorine Bessard « trouvait dans cette occupation bien de la jouissance, sous le regard du bon Dieu ».

Presque exclusivement adressées à des membres de la famille ou à des amis, les lettres de Mlle Bessard ont un caractère trop intime pour être livrées à la publicité. Les citations qu'on en a faites, dans la première partie de l'ouvrage, suffisent d'ailleurs pour en révéler le cachet propre et original, pour montrer le ton simple, enjoué, affectueux et surnaturel qui y règne constamment.

On trouve en maints endroits de ces lettres non seulement les pensées du Recueil, mais jusqu'aux expressions mêmes, notamment celle du « regard divin ».

Ainsi, Victorine présente-t-elle l'hommage de ses respects ou de son souvenir, offre-t-elle ses souhaits de fête ou de nouvel an, elle le fait « sous le regard du bon Dieu » ; s'associe-t-elle aux joies ou aux tristesses d'autrui, c'est encore « sous le regard du bon Dieu ». C'est sous le « regard du bon Dieu », qu'elle prend congé de ses correspondants, c'est « en Lui » qu'elle leur demande un souvenir pour son âme. Elle « pense devant le bon Dieu » à ceux auxquels elle s'intéresse et elle les « cherche en Lui ». — « A Dieu ! » écrit-elle parfois en terminant ses lettres, « A Dieu !... et dans son Cœur sacré notre refuge, notre espérance et notre consolation !...

« A Dieu !... et puissions-nous nous retrouver en lui pour le louer et le bénir toujours avec la très sainte Vierge et tous nos saints Protecteurs du Ciel, dans le temps et dans l'Eternité ! »

Pour nous, demeurons sous l'impression salutaire de ces dernières paroles, et joignons-y la ferme confiance que Mlle Victorine Bessard, au ciel, sera pour ceux qu'elle a connus, et pour tous ceux qui recourront à elle, une protectrice puissante et dévouée.

A Dieu, bien chère sœur! et puissions nous
nous retrouver en Lui pour le louer et le bénir toujours
avec la Très Sainte Vierge & tous nos saints
Protecteurs du Ciel, dans le temps et dans
L'Éternité!

En J. M. J. et S.te D. notre chère espérance!

V. Bessard.

En Religion, Sr. Marie Dominique Cne Caroline
de Jésus,
C. D.

APPENDICE

10*

APPENDICE

NÉCROLOGE DOMINICAIN

1870 - 1885

Depuis l'établissement du Tiers-Ordre de Saint-Dominique à Paimbœuf, plusieurs de nos Sœurs sont entrées dans leur éternité.

1870

La première, Mlle Marie-Joseph Hémery, en Religion *Sœur Marie-Clémentine-Emilie du Saint-Sacrement*, de douce et bien édifiante mémoire, rendit sa belle âme au bon Dieu, munie de tous les secours religieux, à l'âge de 32 ans, au mois de mai 1870.

Elle avait été admise à la vestition dominicaine, à Saint-Clément de Nantes, par le R. P. André-Marie, pendant le Carême de 1866, et le R. P. Matthieu-Joseph avait reçu sa profession à Nantes, dans la chapelle des Ursulines, avec celle des Tertiaires de Paimbœuf, le 21 mars 1867.

Notre Sœur Clémentine-Emilie du Saint-Sacrement, voyant approcher ses derniers moments, fit
apporter sur son lit de douleur, avec le calme et la
sérénité qui la caractérisaient, l'habit dominicain
qu'elle-même avait confectionné avec tant de joie!...
et elle en fut revêtue après sa mort par des mains
religieusement fraternelles. Sa vie avait été toute
d'abnégation et de sacrifices, profondément sentis,
sous le regard du bon Dieu, mais bien généreusement et aimablement offerts !... Aussi le Seigneur
permit-il, dans sa mansuétude, qu'elle fût assistée, à
l'heure suprême, et entourée, après son trépas, de ses
Sœurs en Saint-Dominique, au milieu desquelles elle
avait trouvé tant de consolation, les dernières années
de sa vie! L'une d'elles tressa la couronne virginale
qui fut placée sur son candide front; et toutes se
réunirent auprès de sa dépouille mortelle, pour réciter l'Office des morts, et l'accompagnèrent ensuite
jusqu'à la tombe...

Bien des personnes vinrent aussi prier près d'elle,
et baisèrent avec édification son scapulaire.

. . . .

*Bienheureux les cœurs purs, parce qu'ils verront
Dieu!...*

1873

La seconde, notre vénérée *Sœur Agnès de Jésus,*
— Mlle MARIE-ANNE-ADÉLAÏDE GOUIN, — qui nous

réunissait chaque mois, et que nous aimions à considérer comme une Mère, termina sur cette terre sa vie humble et cachée, toute de bonnes œuvres, le 28 janvier 1873, à l'âge de 73 ans.

Elle avait été admise à la vestition dominicaine, à Paimbœuf, par le R. P. Joseph-Ambroise, le 28 janvier 1866 ; et le 21 mars 1867, le R. P. Matthieu-Joseph avait reçu sa profession dans la chapelle des Ursulines de Nantes. *Laus Deo !*

Notre chère Sœur Agnès de Jésus vit approcher ses derniers moments, au milieu d'une assemblée dominicaine, avec toute la paix de la bonne conscience...

Comprenant la gravité de son état, elle-même demanda les secours religieux, put se confesser et recevoir bien pieusement le Sacrement de l'Extrême-Onction, ainsi que l'indulgence *in extremis ;* mais l'apoplexie faisant de rapides progrès, et la connaissance semblant lui manquer avec la parole, elle ne put recevoir la divine Eucharistie, qui avait été le soutien de sa frêle existence, et depuis longtemps son bonheur de tous les jours !!...

Alors commença pour elle une agonie longue, mais calme, pendant laquelle on put la voir encore roulant successivement, avec les doigts respectés par la paralysie, les grains du rosaire qu'elle portait au cou, et que, pendant sa vie, elle avait récité avec tant de bonheur !

Elle était tombée malade le 26 janvier, et le 28,

elle s'endormit paisiblement dans le Seigneur, vers
11 heures du matin.

Ses Sœurs en Saint-Dominique lui rendirent les
derniers devoirs et l'entourèrent pieusement jusqu'à
la tombe ; bien des personnes vinrent aussi prier
près d'elle, et baiser son scapulaire... Son convoi fut
accompagné d'un nombreux cortège.

Le bon Dieu permit que, contre toute attente, à la
fin des funérailles, le premier magistrat de la ville
rendit sur sa tombe un hommage public aux vertus
si modestes de cette dévouée Présidente de nos
Dames de charité !...

Fervente Tertiaire, cette chère Sœur garda un souvenir ineffaçable et plein de douceur de la pieuse
cérémonie de sa profession, accomplie dans la chapelle des Ursulines de Nantes, là même où, par une
coïncidence toute providentielle, son unique sœur,
morte Religieuse Ursuline, avait longtemps auparavant prononcé ses vœux !...

*Bienheureux les pacifiques, parce qu'ils seront
appelés enfants de Dieu !...*

LES DERNIERS MOMENTS ET LA MORT DE NOTRE CHÈRE
SŒUR MARIE-ANATOLE DE SAINT-VINCENT FERRIER.

Le 19 septembre 1873, le bon Dieu nous demanda
un nouveau sacrifice, en appelant à Lui notre chère
Sœur Marie-Anatole de Saint-Vincent Ferrier, —
Mme Vve Charles Joyau, née Charlotte-Jeanne Bessard.

Les progrès du mal dont elle fut soudainement rappée furent si rapides, qu'on pouvait craindre une mort instantanée ; mais le bon Dieu, dans sa miséricorde et son amour, veillait sur son humble et dévouée servante !... Elle recouvra toute la lucidité de son esprit, eut le sentiment de ses douloureux sacrifices, pour les accepter et les offrir ; et reçut avec sa tendre piété la visite bien-aimée de son très doux Sauveur !... Elle reçut de même la grâce de l'Extrême-Onction et l'indulgence *in extremis*...

Alors, comme fortifiée par ces secours suprêmes, elle se souleva,... et jetant un regard plein de bienveillance et de douceur sur ceux qui l'entouraient, elle les exhorta, avec une éloquence toute céleste, à l'amour de Dieu sur toutes choses, comme au seul bien désirable qui puisse véritablement remplir et consoler le cœur en le sanctifiant, et à la pieuse et fréquente réception de la divine Eucharistie, *bienfait inestimable,... doux réconfort de l'âme sur la terre et avant-goût du ciel !!!...*

Ensuite elle offrit à tous les siens ses derniers souhaits, leur donna ses derniers avis, et sa dernière et si pieuse bénédiction, que ses enfants en larmes reçurent aussi pour leur frère aîné, le prêtre du Seigneur, retenu à Nantes par la retraite ecclésiastique, et qu'elle ne devait plus revoir sur cette terre !... Puis, dans toute l'effusion de son cœur, elle remercia Dieu de ses consolations maternelles, et des autres bienfaits qu'elle avait reçus de Lui !!...

Après quoi, sa tête retombant doucement sur sa couche, avec une expression de visage qui semblait refléter les sentiments de sa belle âme, elle nous dit encore, comme complément d'un devoir rempli, ces remarquables paroles : « Allons ! maintenant, que le reste de ma vie ne soit plus qu'une action de grâces ! »

Peu après, calme et souriante, elle fixa ses regards sur une image du Sacré-Cœur de Jésus, dont elle venait de nous recommander si chaleureusement la dévotion, et ce fut ainsi que, sans secousse, sans choc de la nature, elle rendit le dernier soupir, au moment où, après les prières de l'agonie, récitant près d'elle les Litanies de la très sainte Vierge, on arrivait à cette invocation, répétée trois fois :

Porte du ciel, priez pour nous !!

C'était un vendredi, à l'heure environ où le divin Sauveur expira pour notre amour.

Heureux ceux qui meurent dans le Seigneur !

Les enfants de cette tendre mère, comprimant leur immense douleur, tombèrent à genoux et prièrent pour elle. On lui fit sans retard, avec eux, la recommandation de l'âme après le trépas (*Subvenite Sancti Dei...*). L'on récita de même d'autres prières enrichies de précieuses indulgences pour les morts... Puis, la nature réclamant impérieusement ses droits, tous la couvrirent de baisers et de larmes.

. . . .

LES OBSÈQUES... 21 SEPTEMBRE. *O Crux, ave!*

L'édifiante mort de notre chère Sœur Marie-Anatole de Saint-Vincent Ferrier eut lieu à la *Cabane*, maison de campagne située près de Saint-Père-en-Retz. Sa dépouille mortelle fut ramenée à Paimbœuf, sa ville natale, par ses fermiers qui en revendiquèrent l'honneur. La première cérémonie funèbre se fit à Saint-Père-en-Retz, au milieu d'une sympathique affluence ; puis le convoi s'organisa, précédé d'un prêtre, ami dévoué, remplaçant **M.** le Curé de Saint-Père-en-Retz, retenu dans sa paroisse par les offices du dimanche. Tout près du cercueil, qu'entouraient de pieuses femmes en deuil, priant, le chapelet et un cierge en mains, suivaient les deux fils de la défunte et son gendre... Quelques amis les accompagnaient dans le silence du recueillement et de la douleur, et des groupes rencontrés sur le passage se signaient, et venaient respectueusement se joindre à eux...

Pendant ce long trajet, qui se fit à pied jusqu'à Paimbœuf, sa bien-aimée fille y arrivait par une autre voie, avec les autres membres de la maison, et sa sœur, qui venait lui préparer chez elle une si douloureuse et si affectueuse hospitalité !... pendant les quelques heures, hélas ! si tôt passées !... qui précédèrent les obsèques.

O Crux, ave, spes unica !

ARRIVÉE A PAIMBŒUF. — Ce fut là seulement que sa

chère famille dominicaine put se réunir près d'elle, pour l'entourer de ses affectueuses et ferventes prières... Puis, elle suivit le cortège de cette bien-aimée Sœur à l'église, avec ses parents, ses nombreux amis... et les pauvres (qui lui donnaient tant de regrets !...) et de là au cimetière, jusqu'à la tombe qui lui avait été si chère par les souvenirs !... où on la déposa (1) !...

. . . .

Je m'endormirai et je me reposerai dans la paix, parce que c'est Vous, Seigneur, qui m'avez établie dans l'espérance. (Ps. 4.)

Cette chère Sœur avait été admise au Tiers-Ordre dominicain dans la chapelle de l'Asile de Paimbœuf, le 28 janvier 1866, par le R. P. Joseph-Ambroise ; le R. P. Matthieu-Joseph reçut sa profession dans l'oratoire de la cure de Sainte-Croix, de Nantes, pendant sa Station de Carême, le 5 avril 1867, fête de saint Vincent Ferrier.. *Laus Deo !*

Au milieu des sollicitudes qui remplissaient si providentiellement sa vie, cette chère Sœur eut à cœur ses obligations de Tertiaire, au point de se priver souvent des dispenses auxquelles ses souffrances l'autorisaient... Elle avait choisi la chapelle des Dames Blanches de Saint-Michel, très rapprochée de sa demeure à Nantes, pour la récitation de son Office, lorsque ses devoirs d'état ne l'appelaient pas

---

1 Cette tombe était celle de M. Joyau, son époux.

ailleurs. Souvent ensuite, elle allait s'entretenir avec les bonnes Religieuses de l'œuvre des Pénitentes, dont elle avait tant à cœur de s'occuper.....

Bienheureux les miséricordieux, car il leur sera fait miséricorde.

Elle aima tout particulièrement sa famille dominicaine, et elle était contente de faire coïncider ses voyages à Paimbœuf avec nos réunions mensuelles, où sa douce présence causait aussi une véritable joie...

Sit Nomen Domini benedictum ! Ex hoc nunc et usque in sæculum. Amen.

1880

DERNIERS MOMENTS ET MORT DE NOTRE CHÈRE SŒUR MARIE-DOMINIQUE DE JÉSUS.

Il m'invoquera et je l'exaucerai, et je serai avec lui dans ses jours d'affliction. (Ps. 90.)

Le 28 mai 1880, notre chère Sœur *Marie-Dominique de Jésus* — Mlle LUCIE-EUPHROSINE RONDINEAU — s'endormit paisiblement dans le Seigneur, après de longues et douloureuses souffrances, acceptées avec résignation, et offertes au bon Dieu pour sa gloire et pour son amour...

Les trois semaines qui précédèrent sa mort purent être considérées comme une longue agonie, dans laquelle son esprit toujours élevé vers Dieu, toujours uni à Lui, ne cessa de lui suggérer d'admirables as-

pirations, lors même que la nature semblait dé-
faillir sous le poids de la souffrance. C'était même
surtout en ces moments que, renouvelant au bon
Dieu le sacrifice de sa vie et celui de ses souffrances,
on l'entendait les Lui offrir pour sa gloire, pour
l'Eglise et son auguste chef, pour la France, pour
notre bien-aimée paroisse et celui qui en est le pasteur ; pour le salut des justes et la conversion des
pécheurs, enfin pour le repos des âmes du Purgatoire, que, pendant sa vie, elle avait tant désiré
soulager.

Combien ses proches, qu'elle entourait d'une
sollicitude si tendre et si dévouée, sa chère compagne, sa pieuse sœur qui est aussi la nôtre (Sœur
Agnès du Sacré-Cœur de Jésus), toute sa famille
dominicaine, et enfin ses amis, obtinrent large part
dans ces offrandes, ces ardentes prières que, par la
crainte d'un surcroît de fatigue, on cherchait, mais
en vain, à arrêter !...

Bien des fois aussi, on l'entendit s'écrier dans
l'effusion de son cœur : « Mon Dieu et mon tout !...
Mon Dieu et mon tout !... O mon Dieu ! plutôt
mourir que de vivre sans vous aimer !... »

Il était une autre parole que souvent elle répétait,
dans l'affaiblissement de ses forces physiques, et
dont tout d'abord on ne comprit pas bien le sens ; la
voici : « Oh ! quelle mortification !... quelle mortification ! » Mais le bon Dieu avait entendu la voix
de sa pieuse servante... Il avait compris le désir et le

regret de son cœur ! Et voilà que, lorsqu'on attendait son dernier soupir, une amélioration inespérée se manifestant dans son état, elle put recevoir la visite, si ardemment souhaitée, du divin Consolateur. Il daigna lui laisser trois heures de calme pour son action de grâces, après lesquelles reparurent de terribles souffrances, qu'on arriva pourtant à soulager. Mais bientôt notre chère Sœur, ayant au bras le rosaire aimé de sa tendre Mère du ciel, à ses côtés son cierge bénit, son habit dominicain, puis sa bien-aimée sœur et ses amies en prières,... s'endormit paisiblement pour ne se réveiller que dans l'éternité...

Ses Sœurs en Saint-Dominique, prévenues à temps, accoururent pour lui rendre les derniers devoirs. Elles la revêtirent, en priant, de l'habit de Tertiaire, lequel acheva de donner à son visage une expression remarquablement religieuse ; puis, suivant le désir qu'elle leur en avait manifesté, elles récitèrent aussitôt près de sa dépouille le Rosaire de la très sainte Vierge. Un peu plus tard, elles se réunirent de nouveau pour la récitation de l'Office des morts, et lui firent une garde fidèle jusqu'à la tombe, où l'accompagna un nombreux et sympathique cortège. — Avant la cérémonie funèbre, bien des personnes étaient venues également prier auprès d'elle, et baiser son scapulaire avec édification.

Notre chère Sœur Marie-Dominique de Jésus avait été reçue à la vestition le 28 janvier 1866, dans la chapelle de l'Asile de Paimbœuf, et avait fait sa profession à Nantes, le 21 mars 1867.

Elle aima beaucoup le Tiers-Ordre, et, pénétrée de son esprit, désira, jusqu'à ses derniers jours, en remplir fidèlement les obligations... Il en fut ainsi pour toutes les œuvres pieuses auxquelles elle fut appelée à participer.

J'en citerai deux particulièrement : la dévotion au Sacré-Cœur de Jésus et l'établissement de la Communion réparatrice.

Nommée Directrice de ces associations, elle leur donna une impulsion très forte, et par son ardeur, animée du secours divin, réussit à les répandre bien rapidement.

Cette chère Sœur laisse parmi nous un grand vide ; mais, comme celles de nos Sœurs qui l'ont précédée dans l'éternité, elle nous laisse aussi de bien beaux exemples à suivre, avec la douce espérance de pouvoir la chercher en Dieu, pour l'aimer encore avec elle !... *Laus Deo !*

14 Février 1883

MORT DE NOTRE CHÈRE SŒUR MARIE DE LA RÉSURRECTION (Mlle CONSTANCE MOISAN). — SON ENTRÉE DANS LE TIERS-ORDRE DOMINICAIN, ET QUELQUES DÉTAILS SUR SA VIE DE TERTIAIRE.

En 1873, cette chère Sœur, qui habitait Corsept, petite paroisse très rapprochée de Paimbœuf, se mit sous la direction du R. P. Marie-Léon, Dominicain, prédicateur de notre Station de Carême.

Trouvant en elle toutes les aptitudes d'une bonne Tertiaire, le Révérend Père nous pressa de l'admettre dans notre petite Fraternité. Nous y consentîmes avec joie, et le 15 avril 1873, mardi de Pâques, elle reçut la vestition solennelle, dans la chapelle du Saint-Cœur de Marie — Asile de Paimbœuf — avec les noms de

Sœur Marie de la Résurrection.

Dès lors, nous pûmes nous applaudir de ce choix devant Dieu... Humble et solide piété, obéissance et zèle : tout cela et d'autres vertus auxquelles nous allions être initiées, nous firent trouver en elle une Sœur selon le Cœur de Dieu.

Nos réunions, auxquelles elle assistait ponctuellement, malgré l'éloignement de sa demeure, lui furent une joie et une espérance qu'elle aimait à constater dans son pieux entourage. Puis sa charité y trouvait un aliment, dans les recommandations qu'elle joignait aux nôtres pour appeler le secours divin sur tous ceux qu'elle savait dans la souffrance ou dans l'éloignement du salut. *A. M. D. G.* Participer aux œuvres que nous recommandaient nos Révérends Pères, soit pour procurer l'acquisition de certains livres profitables à nos âmes, soit pour contribuer aux honoraires d'une Messe au décès de chacune de nos Tertiaires, lui était, malgré la modicité de ses ressources, un devoir bien doux, mais accompli sans bruit, par l'intermédiaire de sa Prieure, pour laquelle le R. P. Marie-Léon lui avait recommandé obéissance et abandon. Elle pratiqua ces deux vertus toujours avec une si admirable candeur, que, sans s'en douter, elle lui découvrit une partie des trésors de son cœur.

Ayant à surveiller quelques travaux de la campagne, y prenant part volontairement, en dépit des fatigues qu'elle en ressentait, son âme trouvait dans cette occupation une occasion continuelle de s'élever vers le bon Dieu, soit par l'admiration de ses œuvres, soit par la reconnaissance pour ses bienfaits, dont la végétation des plantes qu'elle cultivait lui redisait la puissance et la bonté! A la fin de ses labeurs, elle allait puiser le rafraîchissement de son âme près du saint Tabernacle, où, le matin, elle était allée chercher force, secours et bénédiction, pour elle-même et pour tous les siens... Ses relations étaient surtout celles de la charité, de la charité à tous points de vue... Entendre parler mal du prochain, même en choses légères, lui causait une si grande peine qu'elle ne pouvait la dissimuler... La simplicité de son costume et l'humble modestie de son visage la faisaient passer inaperçue aux yeux du monde; mais elle était connue de Dieu, et cela lui suffisait...

Une âme si pure ne pouvait manquer de suivre les traces de notre divin et très doux Sauveur, dans la

voie douloureuse du Calvaire, avec ses meilleurs
amis. Aussi l'épreuve ne lui fit-elle pas défaut !...
Mais l'épreuve devait être pour cette chère Sœur
la source de nouveaux mérites, et une espérance
de plus des joies de l'éternité... Ses larmes cou-
lèrent silencieusement sous le regard du bon Dieu,
dont elle attendait tout secours, embrassant la
Croix, et lui prouvant son amour !... Heureux sacrifice que le divin Consolateur daigna adoucir sur la
terre, dans sa mansuétude, avant de le récompenser
au ciel ! ! !

Enfin, après des alternatives de maladies graves et
de pénibles langueurs, notre chère Sœur Marie de
la Résurrection fut conduite aux portes du tombeau
par une attaque de paralysie, qui cependant lui
laissa, bien providentiellement, le temps de recevoir
avec toute sa piété le divin Viatique ; après quoi la
parole lui manqua... Son existence se prolongea
néanmoins quelques jours encore... Puis, munie de
tous les secours religieux, assistée des prières de son
pieux entourage, auxquelles s'unissait de cœur sa
famille dominicaine de Paimbœuf, elle s'endormit
paisiblement dans le Seigneur...

*Que toutes vos œuvres vous glorifient, ô mon Dieu !
et que vos Saints vous bénissent !...* (Ps. 144.)

Deux de nos Sœurs en Saint-Dominique allèrent,
suivant l'usage du Tiers-Ordre, réciter près de la
défunte l'Office des morts,... et vêtues de deuil, portant
ostensiblement leur rosaire, elles furent placées

près du cercueil, pendant la cérémonie des funérailles, et jusqu'au lieu de la sépulture.

Requiescat in pace !

Fervente Tertiaire, la Sœur Marie de la Résurrection porta l'exactitude à l'observance de la règle
jusqu'aux dernières limites de sa santé. Lorsqu'il ne
lui fut plus possible d'assister à nos réunions mensuelles, elle aimait encore à joindre ses prières et ses
intentions aux nôtres, au moment où nous les offrions
au bon Dieu...

Sit Nomen Domini benedictum !

Juin 1885

LA DERNIÈRE MALADIE ET LA MORT DE NOTRE FRÈRE DOMINIQUE-JOSEPH.

Après une vie passée dans la pratique des vertus
chrétiennes, dont quelques-unes s'élevèrent jusqu'à
l'héroïsme de la charité, notre Frère AUGUSTE-RENÉ
RIVIÈRE, en Religion *Dominique-Joseph*, vit approcher
la mort avec le calme du juste, au milieu de très
grandes souffrances.

Prévenu à temps de la gravité de son état, il offrit
généreusement au bon Dieu le sacrifice de sa vie, par
un esprit d'immolation dont il puisait la force dans
les plaies de son Sauveur, et son union avec lui ! ! !

Puis, après avoir réglé, sous le regard divin, ses
dispositions temporelles, il ne voulut plus que les

bruits du dehors vinssent détourner son esprit des grandes pensées du salut ; pensées qui, en le preparant à l'instant suprême, devenaient, dans son amour pour Dieu, sa consolation et son espérance.

Alors, sous l'impulsion de sa dévouée compagne, notre chère Sœur Marie-Catherine de Jésus, toujours à son chevet, se succédèrent près du pauvre mourant deux de nos Tertiaires, auxquelles s'adjoignaient parfois des ecclésiastiques et quelques amis chrétiens... On n'entendit plus dans ce pieux entourage que des paroles d'édification, les solides exhortations de ce fervent Tertiaire, et les prières dont il donnait le signal, après un long silence de recueillement qu'interrompaient par intervalles les belles aspirations de son cœur vers Dieu...

Ainsi se passèrent plusieurs jours, qui laisseront de profonds et édifiants souvenirs aux personnes qui purent l'approcher... Puis sa mort devint imminente,... et cependant l'intervalle requis pour apporter derechef au moribond le saint Viatique n'était pas écoulé !... Ce lui fut l'occasion d'un nouveau sacrifice... Mais voici que deux jours de souffrances dont le bon Dieu prolongea sa vie eurent pour couronnement cette suprême consolation !!! Ne semble-t-il pas que le Sauveur Jésus, dont il avait orné les autels avec tant de zèle et de bonheur, ait voulu récompenser par là son fidèle serviteur, en attendant les joies de l'éternité ?...

Mais, à la suite de ces jouissances célestes, une

dernière épreuve, avant-courrière de la mort, devait
le marquer encore du sceau de la Croix !... Il fut
pris de douleurs si terribles qu'il craignit d'en perdre
courage... Cette fois, ce fut par l'intermédiaire de
son pasteur, qui était en même temps le guide de son
âme, que le bon Dieu daigna le secourir. La parole
inspirée du prêtre mit fin à la lutte,... les souffrances
se calmèrent,... et, après un admirable élan du cœur
vers le ciel, notre bon Frère s'endormit dans la paix
du Seigneur, tandis que sa main défaillante pressait
le petit crucifix, si souvent couvert de ses baisers, et
que résonnaient à son oreille, comme une suprême
espérance, les noms si doux de Jésus, Marie, Joseph,
qu'il avait tant aimé à invoquer ! ! !...

Heureux ceux qui meurent dans le Seigneur !
Requiescat in pace !

Après la mort de ce fervent chrétien, les personnes
qui l'entouraient tombèrent à genoux, et lui firent la
recommandation de l'âme, — *Subvenite Sancti Dei,* —
en y ajoutant quelques prières auxquelles sont attachées pour les défunts de précieuses indulgences.

Puis ceux qu'il avait désignés lui-même pour cela
vinrent lui rendre avec respect les derniers devoirs,...
et aussi, conformément à sa demande, les Tertiaires
achevèrent la pose de son habit dominicain : habit si
cher ! qu'il voulut contempler, placé près de son lit,
durant ses derniers jours !...

A côté de sa dépouille, on récita le Rosaire de la
très sainte Vierge, auquel il attachait tant de prix,

et quelques prières usitées dans l'Ordre de Saint-Dominique.

Un peu plus tard, les Tertiaires se réunirent à nouveau près de notre chère Sœur Marie-Catherine de Jésus, qui, au chevet de ce lit mortuaire, se tenait toujours, pleurant et priant!... et elles se joignirent à elle pour la récitation de l'Office des morts, suivant l'usage de notre Fraternité, ce qui se renouvela plusieurs fois jusqu'au moment des obsèques...

Dans cet intervalle, bien des personnes de la ville vinrent aussi prier pour le défunt, avec ce fraternel entourage, et en remportèrent d'édifiants souvenirs... Puis un nombreux cortège l'accompagna à l'église, et de là jusqu'à la tombe de son fils unique, où lui-même avait marqué sa sépulture, et où reposent aussi les restes vénérés de ses vertueux parents, qu'il avait entourés sur la terre d'une si grande et si pieuse sollicitude ! !...

Requiescant in pace !

Sit Nomen Domini benedictum ! ex hoc nunc et usque in sæculum.

Amen.

TABLE DES MATIÈRES

BIOGRAPHIE

CHAPITRE I

L'ENFANCE

CHAPITRE II

ADOLESCENCE ET JEUNESSE

CHAPITRE III

MALADIES ET SOUFFRANCES

CHAPITRE IV

DOULEURS MORALES

CHAPITRE V

VIE ACTIVE ET VIE CONTEMPLATIVE

CHAPITRE VI

DÉVOTIONS PARTICULIÈRES

CHAPITRE VII

LE TIERS-ORDRE DE SAINT-DOMINIQUE A PAIMBŒUF

CHAPITRE VIII

LA FILLE DE SAINT DOMINIQUE

CHAPITRE IX

LA PRIEURE DE LA FRATERNITÉ

CHAPITRE X

ÉPREUVE DES DERNIÈRES ANNÉES

CHAPITRE XI

JOIES CÉLESTES AU MILIEU DE L'ÉPREUVE

CHAPITRE XII

TRÈS PIEUSE MORT

CHAPITRE XIII

PHYSIONOMIE MORALE DE VICTORINE BESSARD

NOTES SPIRITUELLES

OU VIE INTÉRIEURE DE MADEMOISELLE BESSARD

9 782329 497112